# 地域金融機関の保険業務

弁護士 鈴木 仁史
弁護士 藤本 和也 [著]

一般社団法人 金融財政事情研究会

# はしがき

　平成13年4月から金融機関の窓口で保険商品の販売が段階的に解禁され、平成19年12月に金融機関の融資先顧客保護の施策として弊害防止措置が導入され、すべての保険商品の販売が可能となる（全面解禁）など、最近は保険の販売チャネルが多様化し、いわゆる銀行窓販が主要な販売チャネルの一つとなっています。

　これまで金融機関の保険窓販業務をテーマとした書籍は多かったとはいえず、その必要性を感じていたところ、保険商品の窓販業務に携わる地域金融機関の担当者向けに重要論点をコンパクトに解説することが本書籍のコンセプトです。そして、地域金融機関の指定代理店において保険募集業務に携わる担当者向けに留意点を解説することが本書のもう一つのコンセプトです。金融機関や指定代理店における教育・研修等においてもテキストとして活用できるものを志向しています。

　本書籍においては、第1章「地域金融機関と保険」においては、各地域金融機関（信用金庫、信用組合、地方銀行）と保険業務、保険の仕組みや原理・原則、地域金融機関が取り扱う保険商品について取り上げています。また、第2章「代理店における保険募集の仕組みと規制」においては、生命保険・損害保険代理店における募集態勢の整備、代理店の日常業務について解説しています。いずれも、預金取扱金融機関の役職員には必ずしもなじみのない論点と思われ、基本的な仕組みや原理・原則からの解説を心がけました。

　第3章「保険窓販・代理店募集におけるトラブルと解決策」が本書籍の中核となります。保険窓販の販売件数は増加しているものの、苦情比率は横ばいであり、他の金融商品に比べて突出しているものではありませんが、保険窓販特有のトラブル事例も生じています。そこで、保険窓販における募集・説明態勢構築の参考としていただくという観点から、保険販売ルール全般、

一般の保険商品に対する弊害防止措置、保険窓販にかかわる具体的な苦情・紛争について、実務上想定されるケースとこれに対する理論的・実務的観点からの解説というかたちで取りまとめています。

第4章「地域金融機関における保険業務と反社会的勢力対応」においては、最近金融機関において取組みが進展している反社会的勢力対策について取り上げました。もっとも、保険業務の反社会的勢力対応も論点が多岐にわたることから、本書においては保険契約からの反社会的勢力排除に踏み込むことはせず、保険窓販を中心に論じています。

第5章「地域金融機関と保険業務の今後」は、近年の動向として、保険商品・サービスの提供等のあり方に関するワーキング・グループが平成25年6月7日に公表した「新しい保険商品・サービス及び募集ルールにあり方について」のほか、平成26年5月に成立し、平成28年からの施行が見込まれる改正保険業法を取り上げました。

改正保険業法は、保険商品の複雑化・販売形態の多様化、乗合代理店の出現、海外展開をはじめとする積極的な業務展開の必要性など、保険会社をめぐる経営環境の大きな変化に対応するものですが、意向把握義務や情報提供義務といった募集ルール上の義務および保険代理店の態勢整備義務などが定められています。保険業法等の改正は、より厳格な態勢整備や実務運用が求められるなど保険実務に大きな影響を及ぼすものであり、今後も地域金融機関と保険会社は顧客保護の観点から相互に協力し合っていく必要があると考えられます。

筆者らは第一東京弁護士会の民事対策暴力対策委員会に所属する信頼し合う仲間であり、立場の違いこそあれ、弁護士として日々金融機関の法務に携わっている者であり、執筆会議における議論や、時には酒を酌み交わしながら、それぞれの担当部分についても意見を出し合い、その知見を結集させました。なお、念のためですが、本書の所見などに係る部分は、筆者らの個人的な見解に基づくものであります。

また、第一東京弁護士会民事介入暴力対策委員会、日本組織内弁護士協会9部会（保険）の仲間である徳山佳祐弁護士には、書籍全体のアイデア、執筆、事例等にわたるまで、多大なるご助言およびご協力をいただきました。この場を借りて厚く御礼申し上げます。

　本書籍が地域金融機関の保険業務に携わっておられる担当者の方々の傍らに置かれ、少しでも多くの方々に活用されることを願ってやみません。

　最後に、本書籍の出版にあたり、あたたかいご指導とご支援をいただいた一般社団法人金融財政事情研究会の田島正一郎様に心から御礼を申し上げます。

　平成27年2月

執筆者を代表して
弁護士　鈴木　仁史

## 著者略歴

**鈴木仁史**（すずき　ひとし）
弁護士・鈴木総合法律事務所
平成 8 年 3 月　　東京大学法学部卒業
平成10年 4 月　　弁護士登録（第一東京弁護士会）
平成13年10月　　鈴木総合法律事務所を開設
平成16年 4 月　　財団法人暴力団追放運動推進都民センター　相談員
平成16年 4 月　　東京商工会議所東京都支部　相談員
平成17年 6 月　　株式会社日本共同システム取締役（現任）
平成18年 1 月　　東京法務局筆界調査委員
平成19年 4 月　　財団法人暴力団追放運動推進都民センター　不当要求防止責任者
　　　　　　　　講習委嘱講師
平成19年 4 月　　第一東京弁護士会民事介入暴力対策委員会副委員長（現任）
平成20年 2 月　　国土交通省「地籍整備の新たな手法に関する勉強会」委員
平成20年 6 月　　日本弁護士連合会民事介入暴力対策委員会事務局次長（現任）
平成20年12月　　特定非営利活動法人人財創造フォーラム理事（現任）

〈著書〉
『改正犯収法と金融犯罪対策』（金融財政事情研究会）
『コンプライアンスのための金融取引ルールブック』（銀行研修社）
『知らないでは済まされない会社役員の法律Q&A』（日本法令）
『雇用関係　契約・書式集』（日本法令）
『新会社法A2Z　非公開会社の実務』（第一法規）
『保険業界の暴排条項対応』（金融財政事情研究会）
『営業店の反社取引・マネロン防止対策ハンドブック』（銀行研修社）
いずれも共著
その他多数

〈論文〉
「金融機関の反社排除への道」（金融法務事情1914号より毎月連載中（第 1 回〜第
　46回））

「営業店の高齢者取引と金融検査の視点」（銀行実務670号）
「近年の裁判例にみる融資謝絶に基づく損害賠償責任と金融機関の対策」〈銀行実務662号〉
「最新判例からみる融資先の信用不安と預金拘束の実際」〈銀行実務652号〉
「雇用契約に関する反社会的勢力排除の理論的検討と実務上の留意点」（NBL 987号）
「反社会的勢力との関係遮断の法的リスクと金融機関の内部統制システム（上）（中）（下）」（旬刊金融法務事情1867～1869号）
「生命保険・損害保険約款への暴排条項の導入」（金融法務事情1938号）
「保険法における片面的強行規定と暴力団排除条項」（金融法務事情1889号）
「振り込め詐欺救済法にかかる裁判例と金融実務」（事業再生と債権管理140号）
「正社員を契約社員に切り替える場合の法律実務」（ビジネスガイド589号）　その他多数


**藤本和也**（ふじもと　かずなり）
弁護士・共栄火災海上保険株式会社コンプライアンス部法務グループ
平成8年3月　中央大学法学部法律学科卒業
平成19年3月　専修大学大学院法務研究科修了（新入生学術奨励奨学生）
平成20年12月　弁護士登録（第一東京弁護士会）・共栄火災海上保険株式会社入社
現在、日本組織内弁護士協会理事・政策委員会委員
　　　日本弁護士連合会法律サービス展開本部ひまわりキャリアサポートセンター委員
　　　日本弁護士連合会弁護士業務改革委員会企業内弁護士小委員会幹事
　　　第一東京弁護士会総合法律研究所組織内法務研究部会副部会長
　　　第一東京弁護士会民事介入暴力対策委員会委員
　　　第一東京弁護士会総合法律研究所会社法研究部会委員

〈著書〉
『経済刑事裁判例に学ぶ不正予防・対応策―法的・会計的視点から―』（経済法令研究会）
『企業再編の理論と実務－企業再編のすべて－』（商事法務）
『Q&A平成26年改正会社法』（新日本法規）
『企業内弁護士雇用の手引き』（第一東京弁護士会総合法律研究所組織内法務研究

部会）
『業界別・場面別 役員が知っておきたい法的責任－役員責任追及訴訟に学ぶ現場対応策－』（経済法令研究会）
『法務力アップ！実践講座－コミュニケーション術から契約書チェックまで』（中央経済社）
『事例でわかる問題社員への対応アドバイス』（新日本法規）
『保険業界の暴排条項対応』（金融財政事情研究会）
『新会社法A2Z　非公開会社の実務』（第一法規）
『契約用語使い分け辞典』（新日本法規）
『会社役員の責任Q&A』（第一法規）　いずれも共著

〈論文〉
「企業内弁護士と継続教育」（共著・自由と正義66巻1号）
「賠償責任保険からの反社会的勢力排除における課題」（金融法務事情2009号）
「成年後見監督人に選任された弁護士の任務懈怠と弁護士賠償責任保険における免責条項適用の可否」（共済と保険679号）
「共済契約締結後に契約者が暴力団幹部であると判明した場合における共済金請求の可否」（共済と保険678号）
「遺言執行における弁護士の判断ミスと弁護士賠償責任保険における免責条項適用の可否」（法律のひろば67巻7号）
「他部署でも活きる！相談対応で培う『法務力』」（ビジネス法務14巻8号）
「保険契約および共済契約からの反社会的勢力排除における実務上の課題」（共済と保険669号）
「暴力団排除条項と保険契約」（保険学雑誌621号）
「共済からの反社会的勢力排除とコープ共済連における反社会的勢力対応の取組み」（共著・共済と保険658号）
「事業保険における失効約款の適用と信義則違反」（共済と保険651号）
「住宅ローン契約時における地震保険説明のポイント」（銀行実務637号）
「企業内弁護士に対する法務部長の本音」（ビジネス法務12巻6号）
「わが社の反社会的勢力に対する取組み（上）（下）」（ビジネス法務11巻11号・12号）
「複数の保険契約に基づく配当請求権等を差押債権とする債権差押命令の申立における差押債権の特定の有無」（共済と保険638号）
「火災保険契約と保険金支払査定の実際」（銀行実務626号）　その他多数

目　次

## 第1章　地域金融機関と保険

1　地域金融機関と保険業務 ……………………………………………………………2
　(1)　信用金庫と保険業務 ………………………………………………………………2
　(2)　信用組合と保険業務 ………………………………………………………………4
　(3)　その他の地域金融機関と保険業務 ………………………………………………5
2　保険の仕組み …………………………………………………………………………7
　(1)　生命保険と損害保険の仕組み ……………………………………………………7
　(2)　保険制度の原理原則 ………………………………………………………………9
　(3)　保険契約の成立と法的性質 ……………………………………………………11
　(4)　保険契約に関する重要な概念 …………………………………………………13
3　地域金融機関が取り扱う保険商品の類型 ………………………………………18
　(1)　地域金融機関が取り扱う生命保険商品 ………………………………………18
　(2)　地域金融機関が取り扱う損害保険商品 ………………………………………21
4　地域金融機関が取り扱う保険商品の特徴 ………………………………………26
　(1)　信用金庫が取り扱う保険商品 …………………………………………………26
　(2)　信用組合が取り扱う保険商品 …………………………………………………27
　(3)　その他の地域金融機関が取り扱う保険商品 …………………………………28

## 第2章　指定代理店における保険募集の仕組みと規制

1　生命保険代理店における募集態勢 ………………………………………………30
　(1)　生命保険の募集形態 ……………………………………………………………30
　(2)　生命保険募集代理店の委託 ……………………………………………………30
　(3)　募集代理店における募集態勢の整備 …………………………………………31
2　損害保険代理店における募集態勢 ………………………………………………32
　(1)　損害保険代理店に関する用語の整理 …………………………………………32
　(2)　損害保険代理店 …………………………………………………………………36
3　生命保険および損害保険の募集人 ………………………………………………41
　(1)　生命保険募集人 …………………………………………………………………41
　(2)　損害保険募集人 …………………………………………………………………42
4　代理店の日常業務 …………………………………………………………………43

(1)　損害保険の募集 ··················································································· 43
　(2)　適切な損害保険募集 ············································································ 45
　(3)　契約意思の確認と契約締結 ·································································· 49
　(4)　保険料の保管と精算 ············································································ 51
　(5)　満期管理 ····························································································· 54
　(6)　保険契約の終了 ··················································································· 57

## 第3章　保険窓販・代理店募集におけるトラブルと解決策

1　保険販売ルール全般 ··················································································· 64
　(1)　非公開金融情報保護措置、非公開保険情報保護措置 ································ 64
　(2)　保険募集指針の策定、公表および実施 ····················································· 67
　(3)　法令等遵守責任者・統括責任者の配置 ····················································· 68
　(4)　優越的地位の不当利用の禁止・他の取引への影響の説明 ··························· 68
　(5)　他の取引への影響の説明 ········································································· 71
　(6)　預金との誤認防止 ·················································································· 73
2　一部の生命保険商品に対する弊害防止措置 ················································· 75
　(1)　保険募集制限先規制 ············································································· 75
　(2)　担当者の分離規制 ················································································ 77
　(3)　タイミング規制 ····················································································· 78
3　地域金融機関特例・協同組織金融機関特例 ················································ 79
　(1)　地域金融機関特例 ················································································ 79
　(2)　協同組織金融機関特例 ········································································· 80
4　保険窓販にかかわる苦情・紛争 ·································································· 81
　(1)　保険窓販において発生する苦情・紛争 ···················································· 81
　(2)　高齢者、認知症と疑われる者との契約 ···················································· 82
　(3)　説明義務違反 ······················································································· 87
　(4)　適合性原則 ·························································································· 90
5　保険窓販にかかわる苦情・紛争の分析 ························································ 94
　(1)　預金と保険との誤認 ············································································· 94
　(2)　説明不十分（説明義務違反・広義の適合性原則） ··································· 94
　(3)　適合性原則 ·························································································· 96
　(4)　実務上の改善策 ··················································································· 97
6　保険に関する紛争解決にかかわる諸機関 ···················································· 97
　(1)　金融庁（金融サービス利用者相談室） ···················································· 98

(2) 金融ADRによる個別紛争の解決 ………………………………………… 98

## 第4章　地域金融機関における保険業務と反社会的勢力対応
1　反社会的勢力対策をめぐる情勢の進展 ……………………………………… 108
　(1) 政府指針、金融庁監督指針 …………………………………………… 108
　(2) 金融庁の検査基本方針 ………………………………………………… 108
　(3) 全国における暴力団排除条例の施行 ………………………………… 108
　(4) 業界団体による暴力団排除条項参考例 ……………………………… 109
2　保険約款における暴排条項参考例 …………………………………………… 109
3　保険窓販についての検討 ……………………………………………………… 109
　(1) 金融機関のデータベースとの照合 …………………………………… 110
　(2) 保険会社の引受段階で反社会的勢力と判明した場合の銀行等への情報
　　　提供 ……………………………………………………………………… 112
　(3) 保険会社の保険契約締結後に反社会的勢力と判明した場合の金融機関
　　　への情報提供 …………………………………………………………… 115

## 第5章　地域金融機関と保険業務の今後
1　「新しい保険商品・サービス及び募集ルールのあり方について」………… 120
2　本報告書で取り上げられた論点 ……………………………………………… 120
　(1) 二つの論点 ……………………………………………………………… 120
　(2) 保険募集・販売ルールのあり方 ……………………………………… 121
　(3) 保険募集の基本的ルール ……………………………………………… 122
　(4) 保険募集人の義務 ……………………………………………………… 125
3　本報告書を踏まえた保険業法の改正 ………………………………………… 128
　(1) 保険業法改正の概要 …………………………………………………… 128
　(2) 保険募集の基本的ルールの創設（保険業法294条、294条の2関係）…… 130
　(3) 保険募集人に対する規制の整備（保険業法294条の3）…………… 133
　(4) その他の改正事項（保険業法300条、303条、304条、305条）…… 135
4　委託型募集人に関する動向 …………………………………………………… 136
　(1) 委託型募集人の適正化（再委託原則禁止の徹底）………………… 136
　(2) 募集人の適正化に向けた取組み ……………………………………… 140
　(3) 「雇用」「派遣」「出向」の勤務形態を採用する場合の留意点 …… 141
5　三者間スキーム ………………………………………………………………… 143

|       | (1) 三者間のスキームの概要 ………………………………………………… 143 |
|       | (2) 三者間スキームの法的構造 ………………………………………………… 144 |
| 6     | 地域金融機関と保険の今後 ……………………………………………… 145 |

**事項索引** ………………………………………………………………………… 147

## コラム

　地域金融機関における保険窓販推進 …………………………………………… 3
　住宅ローン契約時における地震保険説明 ……………………………………… 22
　代理店（募集人）資格制度 ……………………………………………………… 43
　パンフレットやチラシの法的意味 ……………………………………………… 44
　保険契約申込書の意味 …………………………………………………………… 44
　保険証券の意味 …………………………………………………………………… 45
　代理店による申込書への代筆・代印 …………………………………………… 46
　申込時における実印使用の要否 ………………………………………………… 47
　マネー・ローンダリングと犯罪収益移転防止法 ……………………………… 49
　保険料専用口座の差押え ………………………………………………………… 53
　引受謝絶・継続謝絶 ……………………………………………………………… 56

# 第 1 章

# 地域金融機関と保険

# 1 地域金融機関と保険業務

## (1) 信用金庫と保険業務

### ❶ 信用金庫の概要

　信用金庫は、根拠法を「信用金庫法」とし、「国民大衆のために金融の円滑化を図り、その貯蓄の増強に資する」ことをその設立目的とする、会員の出資による協同組織の非営利法人である。

　信用金庫は相互扶助に基づく地域の繁栄をその目的とした地域密着の協同組織金融機関であり、①営業地域は一定の地域に限定される（地域金融機関）、②主な取引先は会員となった一定地域内の中小企業や個人である（中小企業専門金融機関）、③信用金庫自体の利益よりも会員すなわち地域社会の利益が優先され保有する資金は地域の発展に活かされる等の特色を有するとされる[1]。

（注）（2013年3月末）金庫数267金庫、店舗数7451店、役職員数11万2525人、会員数933万人。
　　　会員資格は、営業地区内に住所または居所を有する者、事業所を有する者、勤労する者、事業所を有する者の役員およびその信用金庫の役員に限られる（なお、事業者の場合、従業員300人以下または資本金9億円以下の事業者に限定される）。信用金庫は従業員300人以下または資本金等9億円以下の事業者等に限られている。そして、業務範囲（預金・貸出金）は、預金については制限なし、融資は原則として会員を対象とするが、制限付きで会員外貸出も出来る。

### ❷ 信用金庫の取扱業務と保険

　一般に金融機関の業務として、「預金」「融資」「為替」があげられるが、近年、証券業務、投資信託の窓口販売、保険業務、インターネットバンキングサービス、デビットカードサービス、貸金庫、スポーツ振興くじ販売・当せん金の払戻し等が「その他の業務」として取り扱われている。信用金庫に

---

[1] 一般社団法人全国信用金庫協会HP

おいても同様である。

多くの信用金庫は、会員のニーズに応えるべく、「その他の業務」において、保険業務（保険会社の代理店として生命保険・損害保険の窓口販売を行う）を展開している。そして、現在、信用金庫による保険窓販においては、全信協による業界スキーム（全信協スキーム）[2]が中心となっている。

### コラム ▶ 地域金融機関における保険窓販推進

2001年4月、日本版金融ビッグバンにより、金融機関窓口における保険商品の販売が一部解禁された。その後、2007年12月、金融機関の融資先顧客保護の施策として弊害防止措置が導入されることにより、保険窓販は全面解禁されるに至った。

保険窓販における取扱商品は生損保商品ともに拡大したが、窓販により販売される保険商品の多くが生命保険・年金保険・医療保険等の第三分野保険商品である。その理由は、これらの商品の保険料単価が高額であることから、窓販を行う金融機関が得る代理店手数料が比較的高額となるため、金融機関が販売を積極的に展開してきたことによると考えられる。

一方、損害保険商品は、住宅ローン関連の火災保険については金融機関の本業である融資と密接に関連することから一定の展開がみられるが、その他の保険種目においては、いまだ展開の余地があるといえる。金融機関の顧客の生活を取り巻く各種リスクをマネジメントする際に重要な役割を果たすのは損害保険商品である。地域の繁栄を目的とする地域金融機関には、顧客が生活上のリ

---

[2] 全信協スキーム商品とは、全信協で保険料収納スキームを構築している制度商品のことをいう。全信協スキームにおいては、信用金庫が保険代理店として直接現金の授受を行う必要のない運用を可能としている。また、各種マニュアル（コンプライアンスマニュアル・事務取扱マニュアル・商品マニュアル等）が配備されており、適正な保険募集を行う態勢整備がなされている。

スクを適切にマネジメント出来るよう、損害保険商品普及のよりいっそうの積極的推進が望まれるところである。

## (2) 信用組合と保険業務

### ❶ 信用組合の概要

信用組合[3]は、「中小企業等協同組合法」を設立根拠法とし、組合員の相互扶助により組合員の経済的地位の向上を図ることを目的とする中小企業や生活者のための金融を担う協同組合組織金融機関であり、組合員の出資による協同組織の非営利法人である。なお、信用組合は組合員から資金を預かる立場にあることから、「協同組合による金融事業に関する法律」による規制を受け、金融庁の監督化下に置かれる[4]。

信用組合の出資者は「組合員」と呼ばれ、信用組合は、組合員の特性によって大きく三つに分けられる。

① 「地域信用組合」：信用組合の営業エリアにおける居住者、職場を有する者、事業者等を組合員とする信用組合である。

② 「業域信用組合」：同業者を組合員とする信用組合であり、医師や歯科医師、浴場業・青果卸売業者等が組合員となる。

③ 「職域信用組合」：同じ職場に勤務する者を組合員とする信用組合であり、警察や消防署、地方公共団体、新聞社等に勤務する者が組合員となっている。

(注) (2014年3月末) 組合員数387万人、職員数2万1000人、店舗数1718店舗
　　信用組合の組合員資格は、地区内において、住所または居所を有する者、事業を行う小規模の事業者、勤労に従事する者、事業を行う小規模の事業者の役員である（なお、事業者の場合、従業員300人以下または資本金3億円以下の事業者（卸売業は100人または1億円、小売業は50人または5000万円、サービス業は100人または5000万円）に限られる）。業務範囲は、預金・貸出金については、預金は原則として組合員を対

---

3　信用組合の法律上の正式名称は「信用協同組合」であり、略称は「信組（しんくみ）」である。
4　一般社団法人全国信用組合中央協会HP

象とするが、員外預金は総預金額の20%までに限定されている。融資は原則として組合員を対象とするが、制限つきで組合員でないものに貸出が出来る（卒業生金融なし）。

### ❷ 信用組合の取扱業務と保険

信用組合は、地域企業や地域住民のニーズに応えるため、預金業務、貸出業務、為替業務等を主な業務としている。機能そのものは信用金庫や銀行と同一であり、保険業務も行っている。

全国信用組合中央協会は、組合員のさまざまな保険ニーズに応えるため、保険窓販商品として各種損害保険商品・生命保険商品を信用組合業界統一商品・推奨商品に指定している[5]。

## (3) その他の地域金融機関と保険業務

### ❶ 地方銀行の概要

地方銀行は、根拠法を「銀行法」とし、「国民大衆のために金融の円滑を図る」ことをその設立目的とする、株式会社組織の営利法人である。信用金庫や信用組合と異なり、会員・組合員資格に制限はなく、業務範囲（預金・貸出金）にも制限はない。

平成26年末現在、地方銀行は64行存在する。地方銀行は全国各地に約7500の店舗、約3万5000台のCD・ATMを配置し、本店所在の都道府県を中心とした地域に稠密な支店網を張りめぐらせている。これらの店舗網を通じ、個人の顧客や地域の中堅・中小企業の取引先の多様な金融ニーズに応えるとともに、「地域のリーディングバンク」として、地域社会の振興や街づくりのため地域金融の主導的な役割を果たしている[6]。

---

5　一般社団法人全国信用組合中央協会HP
6　一般社団法人全国地方銀行協会HP

## ❷ 地方銀行の取扱業務と保険

信用金庫や信用金庫と同様、地域における保険ニーズに応えるため、窓販にて保険商品の販売を行っている。

「信用金庫」「信用組合」「銀行」の主な相違点

| 区　　分 | 信用金庫 | 信用組合 | 銀　行 |
|---|---|---|---|
| 根拠法 | 信用金庫法 | 中小企業等協同組合法<br>協同組合による金融事業に関する法律（協金法） | 銀行法 |
| 設立目的 | 国民大衆のために金融の円滑を図り、その貯蓄の増強に資する | 組合員の相互扶助を目的とし、組合員の経済的地位の向上を図る | 国民大衆のために金融の円滑を図る |
| 組織 | 会員の出資による協同組織の非営利法人 | 組合員の出資による協同組織の非営利法人 | 株式会社組織の営利法人 |
| 会員（組合員）資格 | （地区内において）<br>住所または居所を有する者<br>事業所を有する者<br>勤労に従事する者<br>事業所を有する者の役員<br>〈事業者の場合〉<br>従業員300人以下または資本金9億円以下の事業者 | （地域内において）<br>住所または居所を有する者<br>事業を行う小規模の事業者<br>勤労に従事する者<br>事業を行う小規模の事業者の役員<br>〈事業者の場合〉<br>従業員300人以下または資本金3億円以下の事業者<br>（卸売業は100人または1億円、小売業は50人または5千万円、サービス業は100人または5千万円） | なし |
| 業務範囲（預金・貸出金） | 預金は制限なし<br>融資は原則として会員を対象とするが、制限つきで会員外貸出もできる（卒業生金融あり） | 預金は原則として組合員を対象とするが、総預金額の20％まで員外預金が認められる<br>融資は原則として組合員を対象とするが、制限つきで組合員でないものに貸出ができる（卒業生金融なし） | 制限なし |

（注）　一般社団法人全国信用金庫協会HPより転載。

## 2　保険の仕組み

### (1)　生命保険と損害保険の仕組み

#### ❶　生命保険の仕組み

ア　リスクへの対処と生命保険

　生命保険におけるリスクは、生命・身体に対する事故発生の不確実性と考えられている。人は誰しもいずれ死亡する運命にあるが、それがいつ、どのようなかたちで発生するかは不確実である。病気やケガについても同様である。このような事象が生命保険におけるリスクである。

　このようなリスクは、人生の至る所に存在する。そのため、無事に人生を送るためには、それらのリスクに対して、適切に対処する必要がある。それがリスクマネジメントである。

　リスクマネジメントは、一般に、①リスクコントロール（危険制御）と②リスクファイナンス（危険財務）の二つの手段に類型化される。

イ　生命保険はどのような制度か

　生命保険は、死亡または生存に係る保険事故に対して一定額の保険金を支払うものである。

　この制度は、保険者（保険会社）と保険契約者との生命保険契約に基づいている。法律上、生命保険契約は、保険者が、人の生存または死亡に関し一定の保険給付を行うことを約するもの（傷害疾病定額保険契約に該当するものを除く）と定義される（保険法2条8号）。生命保険契約は、保険者が人の生存または死亡に関し、一定の保険給付を行うことを約することによって成立するのである。なお、保険契約者と被保険者が異なる死亡保険契約については、モラルリスク防止の観点から、被保険者がそれについて同意することによって効力が生じるとされている（保険法38条）。

　損害保険が実損害の填補を目的としているのに対し、生命保険は、実損害

の有無やその程度を問わない定額給付を目的としている点に特徴があるといえる。

### ❷ 損害保険の仕組み

#### ア　リスクへの対処と損害保険

　生活を取り巻くリスク[7]にはさまざまなものが考えられる。個人を取り巻くリスクとしては、自動車関連リスク（事故、盗難、賠償責任）、住居関連リスク（火災、地震、雹、雷、盗難）、身体関連リスク（ケガ、疾病、死亡、介護）、日常生活関連リスク（事故、ケガ、損害、賠償責任）等が考えられる。企業を取り巻くリスクとしては、自動車関連リスク、事業用建物・設備・動産等関連リスク、利益喪失および費用の支出等関連リスク、事業活動に伴う第三者への損害賠償責任関連リスク、輸送関連リスク、役員・従業員関連リスク等が考えられる。これらのリスクに対応するためには、以下のような方法が考えられる。

① 　リスクコントロール（リスクの制御）
　　→リスクの悪影響を最小にするための方法である。
　　・リスク回避：
　　　→火災事故、自動車事故、航空機事故等に遭わないよう、建物を保有しない、自動車に乗らない、飛行機に乗らない等である。
　　・リスク縮小、損害防止・軽減
　　　→木造の家を鉄筋コンクリートにする、スプリンクラーを設置する、工場を分散して建てる、データセンターを分散する等である。
② 　リスクファイナンス（資金準備などによるリスク対応）
　　・リスク保持
　　　→リスクを自身が保有することである。(i)リスクの存在を知らない場

---

[7] リスクとは、予定された状態と実際の状態との不均衡をいう。なお、リスクマネジメントとは、そのような不均衡を制御することをいう。

合、(ii)リスクにさらされていることを知りながら、何らかの理由で対応出来ていない場合、(iii)リスクの存在を知っているが、対処手段がない場合、(iv)リスクの存在を知っているが、そのリスクをあえて自身で負担する場合が考えられる。

- リスク移転
  → リスクを第三者に移転することである。リスクコントロールにもかかわらず発生するリスクに対して資金手当をする方法である。損害保険はリスク移転の手法の一つである。

イ　損害保険はどのような制度か

　同種同質のリスクにさらされた多数人が集団を形成して資金を拠出し合えば、集団を構成する個々人の負担を軽くしてリスクに対処することが可能となる。すなわち、同種同質のリスクにさらされた多数の個々人が一つの危険集団（危険団体または保険団体）を構成し、各人が事前に一定金額を拠出（保険料）し、危険集団の構成員の一部が偶然な事故（保険事故）により経済的損害を被った場合に、その損害を填補する（保険金の支払）仕組みをつくっておけば、リスクに対処することが可能となる。このようなリスクの分担制度が損害保険である。

　たとえば、同じ地区に木造家屋（1000万円）に各々1人ずつ居住している2000人がいるとしよう。木造家屋は火災の危険にさらされているのであるが、各々で火災のリスクを分担することにする。ここで1年間の火災発生率を2000分の2と仮定すると、1人当り年間1万円の保険料でリスク分担が可能となる。

## (2)　保険制度の原理原則

　保険は、一定の保険事故が発生した場合に保険金を支払う仕組みである。保険の仕組みを理解するためには、以下の諸原理を把握しておくことが有用である（なお、④は損害保険特有の原則である）。

### ❶ 大数の法則
　一見偶然と思われる事象も大量観察すればそこに一定の法則がみられるという法則である。危険集団に属する個々人にとっては偶然な事故であっても、全体としてみれば偶然な事故の発生確率は予想出来る（個々の事象に着目すれば事故の発生は予測不可能だが、多数を対象として観察した場合には、一定の確率によって事故が発生していることが明らかになる）。これを大数の法則という。

　大数の法則が適用出来るような危険集団がなければ保険は成立しない。同一の危険にさらされた個々人が大量観察出来なければ偶然な事故の発生確率は予想出来ないため保険は成立しない。また、同一危険にさらされた個々人の数が多数であってもそこから危険発生確率を導き出すことが出来なければ、やはり保険は成立しない。

### ❷ 収支相等の原則
　危険集団の構成員が支払う保険料の総額は、支払われる保険金の総額に等しくなければならないという原則である（支払われた保険料の総額と、支払われる保険給付の総額とが等しくなることが求められる）。保険料の算出は、この原則を踏まえて行われる。

　先の例でいえば、「2000人（危険集団構成員）×1万円（保険料額）＝2人（保険金受取人数）×1000万円（支払保険金額）」とされる必要があるということである。

### ❸ 給付反対給付均等の原則
　危険集団の構成員各自が負担する保険料は、支払保険金に事故発生の確率を乗じた額に等しい必要があるという原則である（保険料の設定は、個々の保険契約関係者が保険給付を受ける期待値に従って行われることになる）。

　先の例でいえば、「1万円（保険料額）＝1000万円（支払保険金額）×（2000分の2）」ということである。

### ❹ 利得禁止の原則（損害保険特有の原則）

損害保険によって利得をしてはならないとする原則である。損害保険は実際に生じた損害を填補（実損填補）するための制度であり、一定の危険によって生じた損害の填補を目的とする制度である。

損害保険の目的は損害を被った被保険者に実損害を填補することにあるが、損害保険に加入した被保険者に事故が発生した場合、保険金の支払により事故発生前よりも有利な経済状態に置かれるとしたら、損害保険制度が事故を誘発することになりかねない。そこで、保険金としては実損害額以上の金額を受け取ってはならないとする利得禁止が損害保険における原則とされたのである。

## (3) 保険契約の成立と法的性質

保険契約の法的性質は、以下のように整理される。

### ❶ 諾成・不要式契約性

保険契約は、保険者と保険契約者の意思の合致によって成立し（諾成契約性）、保険料の支払等は契約の成立要件ではない[8]。

また、保険契約の成立にあたって、特段の方式を要しない（不要式契約）。もっとも、契約が成立した際には、保険者は「保険証券」等の書面を交付する必要がある（保険法40条、69条）[9]。

したがって、理論的に考えれば、保険契約の申込みやそれに対する承諾等を口頭で行うことも可能である。もっとも、保険契約の内容は、他の契約に比べて複雑な点も多いところ、それらを明らかにするため、実務上は、保険

---

[8] 保険実務では、第1回保険料の支払がなされるまでは保険契約上の責任が開始しないとされている例が多いが、これは、責任開始の要件であり、保険契約の成立要件として第1回保険料の支払が求められているものではない。

[9] もっとも、これを定める保険法40条、69条は任意規定とされており、保険証券を交付しない実務も可能である。

会社所定の書面によることとされている。

### ❷ 有償・双務契約性

保険契約が成立すると、保険契約者は保険者に対して保険料を支払う義務を負う一方、保険者は、保険事故が発生した場合の危険を引き受けるとともに、保険事故が発生した際には保険金を支払う義務を負う[10]。このように、保険者の危険引受けと保険契約者の保険料支払義務は、それぞれ対価性を有している（有償契約性）。

したがって、保険期間中に保険事故が発生しなかったとしても、保険期間に対応した保険料が保険者の不当利得（法律上の原因なく得た利益）となるものではなく、返還義務は生じない。このように、それぞれの義務相互に対価性が認められるため、本来であれば、保険料が支払われない期間については、保険の引受けを拒絶することが出来ることになる（同時履行の抗弁権・民法533条）。

また、保険契約においては、保険者が保険引受義務（保険金給付義務）を負い、他方、保険契約者が保険料支払義務を負うというように、契約当事者双方が義務を負うこととなる（双務契約性）。

### ❸ 射倖契約性

保険契約においては、保険事故の発生によって、保険者の保険金給付義務の存否およびその具体的内容が確定される。そして、一般に、保険事故の発生をあらかじめ予測し、コントロールすることは出来ない。このように、保険契約においては、それに基づく義務の発生およびその内容が偶然の事由に影響される（射倖契約性）。

### ❹ 附合契約性

保険契約の内容は、保険者が作成し、金融庁の認可を得た約款によって定められ、一般に、約款に定められた契約内容について、保険契約者が個別に

---

[10] 保険金・給付金の支払は、この危険引受けの実現と位置付けられる。

交渉を行う余地はない（附合契約性）。

これは、保険契約の基本原理である収支相等原則や給付・反対給付均等原則の要請によるものと考えられる。

## (4) 保険契約に関する重要な概念
### ❶ 保険法における用語
保険契約に関する概念は、同一の用語でありながら生命保険と損害保険で内容が異なるものもあり、混同しやすい。そこで、保険法における重要な概念を整理する。

ア　生命・損害・傷害疾病損害・傷害疾病定額各保険に共通する用語
① 保険契約：保険契約、共済契約その他いかなる名称であるかを問わず、当事者の一方が一定の事由が生じたことを条件として財産上の給付（保険給付）を行うことを約し、相手方がこれに対して当該一定の事由の発生可能性に応じたものとして保険料（共済掛金を含む）を支払うことを約する契約を保険契約という（保険法2条1号）。保険法上は、共済契約も保険契約に含まれる点に注意を要する。
② 保険者：保険契約の当事者のうち、保険給付を行う義務を負う者を保険者という（保険法2条2号）。基本的に、保険会社がこれに当たると理解しておけば足りる。
③ 保険契約者：保険契約の当事者のうち、保険料を支払う義務を負う者を保険契約者という（保険法2条3号）。
④ 保険料：保険者による危険引受けの対価として、保険契約者から保険者に対して支払われる金銭が保険料である。
⑤ 保険金：保険事故の発生により、保険金受取人に支払われる一定額の給付が保険金である。なお、生命保険実務においては、死亡時に支払われるものを「保険金」、入院・手術時に支払われるものを「給付金」等として、給付の呼称を使い分けている例も多い。

⑥ 保険事故：保険金が給付される要件となる一定の事由を保険事故という。損害保険における保険事故は保険商品に応じて多様であるが、生命保険における保険事故は被保険者の死亡または生存を意味する。

⑦ 解約返戻（払戻）金：保険契約が保険契約期間中に解除された場合に、保険契約者に支払われることになる金額である。保険法において定められている概念ではないが、多くの保険約款で定められている。

イ 生命保険契約における用語

① 生命保険契約：保険契約のうち、保険者が人の生存または死亡に関し一定の保険給付を行うことを約するもの（傷害疾病定額保険契約に該当するものを除く）を生命保険契約という（保険法2条8号）。

② 被保険者：その者の生存または死亡に関し保険者が保険給付を行うこととなる者を生命保険契約における被保険者という（保険法2条4号ロ）。この「被保険者」のとらえ方が、生命保険・損害保険・傷害疾病定額保険で異なっている。

③ 保険金受取人：保険給付を受ける者として、生命保険契約で定める者をいう（保険法2条5号）。生命保険契約および傷害疾病定額保険契約においては、損害保険契約と異なり、「被保険者」と「保険金受取人」が異なる概念とされる。

ウ 損害保険契約における用語

① 損害保険契約：保険契約のうち、保険者が一定の偶然の事故によって生ずることのある損害を填補することを約するものを損害保険契約という（保険法2条6号）。

② 被保険者：損害保険契約により填補することとされる損害を受ける者を損害保険契約における被保険者という（保険法2条4号イ）。損害保険契約においては、保険金により損害を填補されるべき損害を受けた者が「被保険者」とされており、「被保険者」が保険給付を受ける者となる。

③ 傷害疾病損害保険契約：損害保険契約のうち、保険者が人の傷害疾病

によって生ずることのある損害（当該傷害疾病が生じた者が受けるものに限る）を填補することを約するものをいう（保険法2条7号）。傷害疾病定額保険契約と異なり、実損填補型の傷害保険契約である。

エ　傷害疾病定額保険契約における用語
① 傷害疾病定額保険契約：保険契約のうち、保険者が人の傷害疾病に基づき一定の保険給付を行うことを約するものを傷害疾病定額保険契約という（保険法2条9号）。傷害疾病傷害保険契約と異なり、定額支払型の傷害保険契約である。
② 被保険者：その者の傷害または疾病（「障害疾病」）に基づき保険者が保険給付を行うこととなる者を傷害疾病定額保険契約における被保険者という（保険法2条4号ハ）。
③ 保険金受取人：保険給付を受ける者として、傷害疾病定額保険契約で定める者をいう（保険法2条5号）。生命保険契約および傷害疾病定額保険契約においては、損害保険契約と異なり、「被保険者」と「保険金受取人」が異なる概念とされているが、傷害疾病定額保険契約においては、保険金受取人が被保険者として指定されていることも多い。

❷　被保険利益

被保険利益とは保険の目的であり、保険加入を基礎付ける経済的利益のことである。被保険利益は保険契約の有効存続要件であり、被保険利益がなければ保険契約は無効となる。

被保険利益の有無は、経済的利益であること、適法な利益であること、確実な利益であることを勘案して判断される。

❸　告知義務

告知義務とは、保険契約者および被保険者が負担することのある義務の一つである。保険契約の締結に際して保険者になる者が告知を求めた危険に関する重要な事項について、保険契約者または被保険者になる者が負担すべき事実告知の義務をいう（保険法4条、37条、55条）。保険契約者、被保険者

が、故意・重過失により事実の告知をせず、または不実の告知をした場合、保険者は保険契約を解除することが出来る（保険法28条、66条、84条）。

ところで、告知義務はなぜ必要とされるのであろうか。保険契約締結に際して、保険者はリスク引受けの可否を判断するために一定の情報を取得する必要がある。他の構成員と比べてリスクが高い者を事前に発見しなければ、同種同一の危険集団を構成することが不可能となる。すでにリスクが顕在化している者を顕在化していない者と同じ危険集団に入れてリスクを分担するのは不公平であるし、告知義務を課さなければ、リスクの高い保険契約者が自己のリスクを損害保険に転嫁するため進んで保険に加入するという逆選択が発生し、保険制度が成り立たなくなってしまう不都合が生じる。

そこで、リスクを測定するために必要な情報は保険契約者や被保険者の側にあるため（情報の偏在）、告知義務が保険契約者や被保険者に課されることになるのである[11]。

すなわち、告知義務は、保険者が引受けに際してリスクを判断するにあたって、危険に関する情報を誰が提供しなければならないのか、保険制度が成り立つためにはいかなる情報が誰から提供されるべきなのかという問題である。

### ❹ 契約の成立

契約は、相対立する2個以上の意思（意思表示という）の合致（合意）、すなわち申込みと承諾の合致により成立する。申込みとは特定内容の契約を成立させるために相手方の承諾を求める意思表示であり、承諾とは申込みを受けた相手方が、その申込みに応じて契約を成立させようとする意思表示であ

---

11 保険法における告知義務は、保険者の質問に回答する義務、すなわち質問応答義務として構成されている。保険法4条は、「保険契約者又は被保険者になる者は、損害保険契約の締結に際し、損害保険契約によりてん補することとされる損害の発生の可能性（以下この章において「危険」という。）に関する重要な事項のうち保険者になる者が告知を求めたもの（法28条1項及び法29条1項において「告知事項」という。）について、事実の告知をしなければならない」とする。

る。承諾に際しては、申込みの内容をそのまま受け入れる内容である必要がある。条件や変更を加えた承諾は、新たな申込みと考えることになる（民法528条は、申込みに変更を加えた承諾を「申込みに対する承諾拒絶＋新たな申込み」と位置付けている）。

　保険契約は諾成契約（合意のみにより成立する契約）であり、申込みと承諾の意思表示の合致により成立する。保険契約者になろうとする者が申込みをし、保険者が承諾することにより契約は成立する。実務上、損害保険代理店は契約締結の代理権を付与されており、申込みに対して代理店が直ちにまたは時間をおいて承諾をして保険契約が成立する。

### ❺ 責任開始

　保険契約は申込みに対する承諾によって成立するが、保険実務では、保険会社の責任（保障）が開始する時期につき約款で別途の定めが規定されていることが一般的である。

(ア) 生命保険においては、責任開始時に関する条項が定められることが通常である。一般的な約款によると、保険会社の責任開始時期は以下のようになる。

① 申込み→承諾→第1回保険料相当額の受領

　この場合には、第1回保険料が払い込まれた時から責任が開始される。

② 申込み→第1回保険料相当額の受領→承諾

　この場合には、第1回保険料相当額の受領時と告知時のうち、いずれか遅い時点から責任が開始される（責任遡及）。

なお、約款では、このような責任開始日を「契約日」として扱う旨定められているのが一般的であるが、これは、保険期間等を考える際の基準となる日を指しており、契約が成立した日とは異なる。

(イ) 損害保険においては、保険料領収前免責条項（保険料領収前の保険事故については免責とする特約）が定められている場合、保険料の支払があ

るまでは、保険料領収前免責条件に基づいて保険者は責任を負わないこととなる。保険料の支払があって初めて支払日以降発生の保険事故に対して保険金を支払うことになる。

また、契約時保険料の口座振替特約（口座振替日に引落しが完了した場合には、保険始期日に契約時保険料が払い込まれたものとみなす旨の特約）が規定されることもある。

## 3 地域金融機関が取り扱う保険商品の類型

### (1) 地域金融機関が取り扱う生命保険商品

#### ア 個人年金保険

個人年金保険は、公的年金とは別に、老後の生活保障等を目的とした保険である。保険の仕組みとしては、生存保険において満期時に支払われる満期保険金が、分割され年金として支払われるものである。なお、年金開始前に被保険者が死亡した場合には、死亡給付金が支払われる。

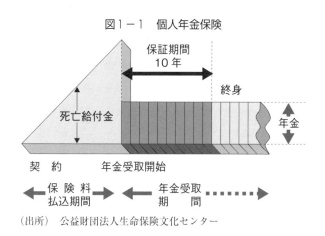

図1-1　個人年金保険

（出所）　公益財団法人生命保険文化センター

イ　変額個人年金保険

　個人年金保険のうち、保険会社が特別勘定において資産運用を行い、その実績に応じて年金額や死亡に給付される金額が変動するものである。年金額や死亡時の保険金額が一定程度保証されるものも存在する。

図1-2　変額個人年金保険

＜年金原資が払込保険料を上回った場合＞

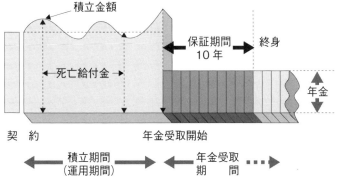

（出所）　公益財団法人生命保険文化センター

＜年金原資が払込保険料を下回った場合＞

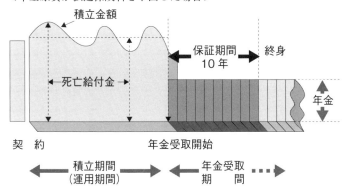

（出所）　公益財団法人生命保険文化センター

ウ　終身保険

　終身保険は、保険期間が一定期間に限定する定期保険とは異なり、保険期間が一生涯（終身）継続し、死亡時に保険金が支払われることになる。そのため、貯蓄性を備えた生命保険として利用することが出来、その目的は死亡保障に限られない。

　代理店でこの終身保険が扱われる場合、その保険料の払込方法は、契約時

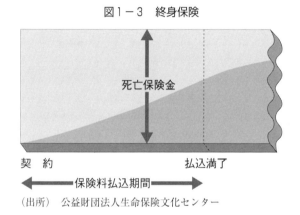

図1－3　終身保険

（出所）　公益財団法人生命保険文化センター

図1－4　養老保険

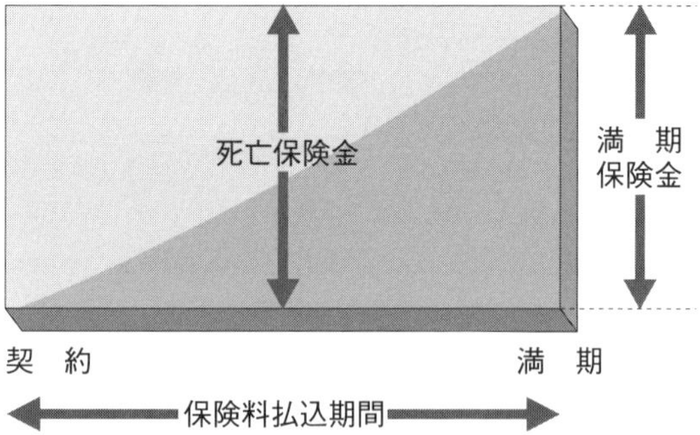

（出所）　公益財団法人生命保険文化センター

に一括して保険料を払い込む「一時払い」が多くとられている[12]。

エ　養老保険

養老保険は、死亡保険と生存保険とを組み合わせたもので、保険料払込期間中に死亡した場合には、死亡保険金が支払われ、他方、満期時に生存していた場合には、満期保険金が支払われる。死亡保険金と満期保険金の金額は同一に設定されている。

代理店においては、一般に一時払いの扱いが多い。

## (2)　地域金融機関が取り扱う損害保険商品

リスクに応じて各種の保険が用意されている。

ア　火災保険

火災・落雷・破裂・爆発・風災・雪災等によって建物や動産に生じた損害が補償される保険である。

地震等によって建物や動産に生じた損害を補償する地震保険も火災保険に分類される。

① 火災保険は、火災やその他の災害等によって、建物や家財等（事業用建物の場合は、建物に加えて什器・備品等）に生じた損害を補償する保険である。

　対象とする建物の物件によって「住宅物件」「一般物件」「工場物件」「倉庫物件」に分類され、それぞれに対応する火災保険の商品があり、補償内容は各商品によって異なる。

② 地震保険は、火災保険では補償されない、地震・噴火・これらによる津波等が原因で、建物や家財に損害が生じた場合に保険金が支払われる保険であり、国と民間の損害保険会社の共同運営によって成り立っている。

---

12　これらの終身保険の特性に起因する紛争の状況については、第3章参照。

地震保険の対象となるのは、居住用の建物と家財であり、事業用の建物等は対象にならない。また、地震保険は単独では加入することは出来ないため、火災保険とセットで加入する必要がある。

### コラム ▶ 住宅ローン契約時における地震保険説明

１．地震保険の丁寧な説明の必要性

　顧客が住宅ローン契約に際して火災保険へ加入する場合、募集担当者には、地震保険についても丁寧な説明が求められる。地震保険の内容が十分に理解されないまま契約に至った場合、後に深刻な苦情に発展するおそれがある。たとえば、地震により被災した者からは十分な説明がなかったため保険に加入する機会を失ったとの苦情が発生することも考えられる。地震保険の商品内容、地震保険に関して発生する苦情等を踏まえた地震保険説明のポイントを確認したい。

２．地震保険の内容

　地震保険は「地震保険に関する法律」に基づく地震保険制度のもとで運営される公共性の高い保険であり、地震・噴火またはこれらによる津波を直接または間接の原因とする火災・損壊・埋没・流失によって、居住用建物および生活用動産（家財）が損害を受けた場合（損傷の程度が全損・半損・一部損に至った場合）に保険金が支払われるものである。地震により火災（延焼を含む）が発生し建物が焼けた場合、地震により建物が倒壊した場合、津波により建物が流された場合等において保険金が支払われる。

　ちなみに、火災保険では、約款において地震、噴火またはこれらによって生じた津波による損害は免責とされており、地震による建物倒壊、地震に起因する火災による建物の焼失等の損害は填補されない。そこで、地震による損害に備えるため地震保険に加入することが一般的になっているといえる。

３．地震保険に関してたびたび発生する苦情とその対応

(1) 地震保険加入に関する苦情

　地震により建物や家財に被害が発生すると、募集時に適切な説明がなかったために地震保険に加入出来なかったとする苦情が増加する。たとえば、「地震で建物が壊れたが、地震保険には加入していない。なぜ、地震保険の説明をしてくれなかったのか。説明してくれていれば地震保険に加入していたはずだ」、「地震で食器が壊れた。家財については地震保険に加入していないので保険金が支払われないといわれた。加入時に家財についても地震保険に加入したいといったはずだ」といった苦情である。

　多くは、火災保険募集時に地震保険についても必要な説明が行われていたと思われるケースであるが、このようなトラブルを防止するためには、募集時に地震保険に関する説明を行うことは当然として、説明した旨を確認出来る記録を残しておくことが有用であろう。

　また、地震後には、「地震保険に加入していないことはわかっているが、支払対象外となるのは納得出来ない」、「地震保険に加入はしていないが、保険会社の誠意としてお見舞金のようなものは出ないのか」といった申し出がなされる可能性も考えられる。地震保険に加入していない以上、地震保険金やその他の金銭を支払うことは出来ない旨を丁寧に説明することとなろう。

　なお、「火災保険に加入しているのだから、地震によって家が燃えた場合であっても保険金が支払われるべきではないか」といった苦情も発生するが、火災保険においては、地震によって生じた損害、地震等によって派生した事故が延焼して生じた損害、発生原因のいかんを問わず事故が地震等によって延焼または拡大して生じた損害につき免責となっているため、保険金を支払うことは出来ない。この点を丁寧に説明することとなろう。

(2) 保険金支払いに関する苦情

　地震保険金の支払に関しては、「地震保険に加入しているのだから、地震により被った建物や家財の損害は全額補償されるはずではないか」という苦情が頻繁に発生する。

このような苦情の発生を防止するためには、地震保険においては全損・半損・一部損のいずれかに該当しない限り保険金は支払われないこと、契約金額の一定割合が定額で保険金として支払われるものの実際の修理費が支払われるわけではないこと等を、募集時に丁寧に説明するしかないであろう。

　また、「地震で建物は無事だったが門や塀が倒壊してしまった。地震保険に入っているのだから保険金が支払われないのはおかしい」、「地震で皿が数枚割れたが保険金が支払われないといわれた。地震保険に入っているのにおかしい」、「鑑定人が調査をしてくれたが一部損にも該当しない損害だといわれた。壁の内壁にひびが入っているのに納得出来ない。ひびが入っているのになんで一部損にならないのか」といった苦情も発生する。

　この場合、建物の主要構造部に損害が生じていない場合や、損害の程度が一部損にも達していない場合、保険金は支払われない。しかも、家財の場合、家財全体の時価に対する損害額の割合を算定するので、個別の損害額が支払対象になるわけではない。後のトラブルを防止するためには、このような点も念頭に置いて説明を行う必要があるだろう。

イ　自動車保険

　自動車を取り巻くリスクに対する補償をひとまとめにした商品であり、自動車事故によるケガや損害が補償される。

　自動車保険は、強制保険（自賠責保険）と任意保険（自動車保険）に大別される。強制保険である自賠責保険への加入だけでは、自動車事故を起こした場合の補償は十分ではない。自動車保険は、自賠責保険の補償範囲を超える補償をつけるために、上乗せして加入する保険である。

　自賠責保険は、車の所有者に対し、自動車損害賠償保障法により加入が義務付けられている強制保険である。自動車の運行に起因する他人の身体・生命に対しての損害について補償される。一部適用除外車を除き、自賠責保険に加入していない車は日本国内を走行出来ない。交通事故による被害者を救

済することを目的としており、運転者自身のケガや、相手の車両や他人の建物等を破損させた対物賠償事故の場合は、自賠責保険の補償の対象外となっている。また補償額も少なく、ケガの場合で最高120万円、死亡の場合3000万円、後遺障害の場合4000万円までである。

任意保険である自動車保険には、賠償責任保険（対人賠償、対物賠償）、傷害保険（自損事故、無保険者傷害、搭乗者傷害、人身傷害補償）、財物保険（車両）がある。

ウ 責任保険

責任保険は多種多様な商品を取りそろえている。たとえば、以下のような商品がある。

① 企業向け

施設賠償責任保険、請負業者賠償責任保険、生産物賠償責任保険、受託者賠償責任保険、自動車管理者賠償責任保険、使用者賠償責任保険（労働災害総合保険の一部）、海外PL保険、アンブレラ保険（建物・施設の所有・使用・管理または各種業務の遂行等に起因する賠償事故のうち、被保険者の自己負担が可能な金額を超える高額の事故を補償）

② 専門職業向け

医師・病院賠償責任保険、弁護士賠償責任保険、公認会計士賠償責任保険、税理士賠償責任保険、建築家賠償責任保険、瑕疵保証責任商品、延長保証保険、住宅瑕疵担保責任保険

③ その他の商品

個人情報漏洩保険、会社役員賠償責任保険、従業員賠償責任保険、個人向け責任保険、個人賠償責任保険、ゴルファー保険、ボランティア保険

エ その他の保険

その他の保険としては、傷害保険、医療保険、介護保険、所得補償保険、海外旅行保険、積立保険、ペット保険等がある。

傷害保険はケガに備える保険である。「急激かつ偶然な外来の事故」によ

りケガをした結果、入院・通院したり、後遺障害が生じたり、死亡した場合に保険金が支払われることとなる。保険の対象を配偶者・親族まで広げる商品や交通事故を中心に補償範囲を限定している商品がある。

## 4 地域金融機関が取り扱う保険商品の特徴

### (1) 信用金庫が取り扱う保険商品

#### ア 信用金庫における保険募集の態様

信用金庫を通じて提供される保険商品には、信用金庫指定代理店を通じて提供される一般保険商品と信用金庫本体において提供される保険窓販商品とがある。

なお、信用金庫が生命保険募集人もしくは損害保険代理店として保険募集出来る商品は、保険業法275条（および保険業法施行規則212条・212条の2）に規定されている。保険募集人は当該金庫の取扱商品に限り保険募集を行う。

#### イ 信用金庫マーケット向け損害保険商品

信用金庫マーケット向け商品としては、たとえば次の商品がある。

信用金庫業務賠償責任保険（E&O）、信用金庫役員賠償責任保険（D&O）、身元信用保険、CDカード盗難保険（通帳盗難、偽造変造、インターネットバンキング）、個人情報賠償責任保険、しんきん健康サポートプラン、労働災害総合保険、施設災害補償保険、貨紙幣・有価証券包括運送保険　等

信用金庫役職員向け商品としては、団体傷害保険（グループプラン）等がある。

#### ウ 信用金庫本体が取り扱う保険窓販商品

(ア) 信用金庫における保険窓販商品

信用金庫の顧客向け窓販商品として取り扱われている種目は、年金保険、終身保険、学資保険、がん保険、医療保険、火災保険（例：住宅ローン関連長期火災保険）、傷害保険（例：標準傷害保険）、積立傷害保険、債務返済支援

保険、海外旅行傷害保険、ペット保険等がある。
　(イ)　取扱いが制限される商品
　保険募集が可能な顧客の範囲等に制限が課されている保険商品が存在する（以下、「制限商品」という）。制限がない商品に制限商品に相当する特約を付加する場合には、その特約が主契約内容との関連性が高く、保険料や保険金の額が主契約との関係で妥当な範囲でない場合には制限商品に該当する。
　＜募集制限がある商品＞
　（制限商品）上記(ア)以外のすべての保険商品（定期保険、平準払終身保険（全期前納払を含む）、医療・がん保険、介護保険、傷害保険、自動車保険等）
　＜募集制限がない商品＞
　住宅関連長期火災保険（保険期間が1年を超えるものに限る（保険契約期間は必ずしも住宅ローンの借入期間と同一である必要はない。ただし、商品限定がなされている趣旨にのっとった契約期間設定が求められ））、積立火災保険（法人契約を除く）、事業関連保険（信用金庫等のグループ会社を保険契約者とするものに限る）、住宅関連債務返済支援保険、海外旅行傷害保険、積立傷害保険（年金払を含む）、財形傷害保険

## (2)　信用組合が取り扱う保険商品

ア　信用組合における保険募集の態様
　信用組合においても、信用金庫と同様に指定代理店における保険募集と保険窓販における保険募集が行われている。
イ　信用組合の取扱保険商品
　(ア)　信用組合本体で取り扱う保険窓販商品
　全国信用組合中央協会は、顧客のニーズに応えるべく保険窓販商品として、以下の損害保険商品および生命保険商品を信用組合業界の統一商品・推奨商品に指定している。
　指定された各保険商品の取扱いについては、信用組合によって異なってい

る[13]。

(イ) 信用組合における保険窓販業界統一・推奨商品

　信用組合における保険窓販業界統一・推奨商品として、年金保険、学資保険、火災保険、債務返済支援保険、自動車保険、医療保険、傷害保険、介護保険の分野で、各保険会社の提供する商品が指定されている。

## (3) その他の地域金融機関が取り扱う保険商品

　地方銀行等その他の地域金融機関においても、信用金庫や信用組合と同様に、指定代理店における保険募集と保険窓販における保険募集が行われている。

　地方銀行等その他の地域金融機関が取り扱う保険商品も、信用金庫や信用組合と同様、指定代理店が取り扱う一般保険商品と地域金融機関本体で取り扱う保険窓販商品とがある。

---

13　一般社団法人全国信用組合中央協会HP

# 第 2 章

# 指定代理店における
# 保険募集の仕組みと規制

地域金融機関における保険募集の形態としては、代理店による保険募集と地域金融機関本体における保険窓販による保険募集がある。

## 1　生命保険代理店における募集態勢

### (1)　生命保険の募集形態

生命保険の募集（保険契約の締結の代理または媒介を行うこと。保険業法2条26項）を行う者は、生命保険募集人[1]等に限られる（保険業法275条1項）。従来、生命保険の募集は、生命保険募集人の中でも、特に、各保険会社の営業職員が中心となって行ってきた。しかしながら、生損保相互参入やいわゆる銀行窓販の解禁等により、近時、代理店チャネルにおける販売件数が大幅に増加している。

### (2)　生命保険募集代理店の委託

生命保険の募集代理店となるためには、①生命保険会社との委託契約、および②生命保険募集人としての登録が必要となる。

#### ❶　生命保険募集代理店委託契約等

募集代理店の業務は、生命保険会社との代理店委託契約に基づいて行われる。この代理店委託契約には、契約締結後に必要となる業務の分担を明確に定め、それを顧客に開示することが保険会社向けの総合的な監督指針Ⅱ－3－3－9－1(3)において求められている。具体的には、契約内容に関する照会、顧客からの苦情・相談の窓口、保険金等の支払手続に関する照会等を含む各種手続方法に関する案内等の業務である。

このほかにも、募集代理店と生命保険会社との間の代理店委託契約または

---

[1] 生命保険会社の役員もしくは使用人もしくはこれらの者の使用人または生命保険会社の委託を受けた者もしくはその者の役員もしくは使用人で、その生命保険会社のために保険契約の締結の代理または媒介を行うものをいう（保険業法2条19項）。

その他の覚書等においては、手数料や個人情報の取扱い等について取り決めるのが一般的である。代理店委託契約またはその他の覚書等において、手数料や個人情報の取扱い、業務分担等について取り決めるのが一般的である。

### ❷ 生命保険募集人としての登録

生命保険募集人は、内閣総理大臣（実際には、その委任を受けた金融庁長官）の登録を受けなければ、生命保険の募集を行うことが出来ない（保険業法275条1項1号、276条）。これに違反した場合（無登録募集）には、罰則が適用される（保険業法317条の2第4号・5号）。この登録制は、募集人の資質を確保するものであり、それは、代理店であっても例外ではない。

代理店は、「生命保険会社の委託を受けた者」として登録することが求められる。また、代理店だけでなく、実際に募集行為を行う代理店の個々の職員も、「生命保険会社の委託を受けた者の役員もしくは使用人」として登録する必要がある。

なお、保険募集人の登録には、登録拒否要件が定められている（保険業法279条1項）。これに該当した場合、登録を取り消されることになるため（保険業法307条1項、279条）、代理店および個々の職員は、登録拒否要件に該当することになった場合には、直ちに保険会社に報告する必要がある。

### (3) 募集代理店における募集態勢の整備

募集代理店には、責任ある販売態勢等を構築する必要性および重要性を認識し、保険募集に関する法令遵守、顧客保護等を適切に行うための態勢を整備することが求められる。これに従って、募集代理店は、その代理店に所属する募集人の管理、監査、研修等を行い、その状況を生命保険会社に報告する態勢を構築することが求められる。

## 2　損害保険代理店における募集態勢

### (1)　損害保険代理店に関する用語の整理

**ア　代理店扱い・仲立人扱い・直扱い**

　損害保険における契約者の募集形態としては、代理店扱い（損害保険代理店によって行われる場合）、仲立人扱い（保険仲立人によって行われる場合）、直扱い（損害保険会社の役職員によって直接行われる場合）の三つがあげられる。

　① 損害保険代理店：「損害保険会社の委託を受け、又は当該委託を受けた者の再委託を受けて、その損害保険会社のために保険契約の締結の代理又は媒介を行う者（法人でない社団又は財団で代表者又は管理人の定めのあるものを含む。）で、その損害保険会社の役員又は使用人でないものをいう」（保険業法2条21項）。

　② 保険仲立人[2]：「保険契約の締結の媒介であって生命保険募集人、損害保険募集人及び少額短期保険募集人がその所属保険会社等のために行う保険契約の締結の媒介以外のものを行う者（法人でない社団又は財団で代表者又は管理人の定めのあるものを含む。）をいう」（保険業法2条25項）。

　③ 直扱い：損害保険会社の役職員が直接保険募集を行うことをいう。損害保険会社が直接、ダイレクトメールやインターネットを利用して保険募集を行う場合も直扱いに含まれる。

**イ　専業代理店と兼業（副業）代理店**

　損害保険代理店には、保険販売を専業とし代理店手数料が主たる収入源と

---

2　保険仲立人は、1996年4月1日の保険業法改正により設けられた。損害保険代理店は、特定保険会社と代理店委託契約を締結し、損害保険会社を代理して保険契約者と保険契約締結の代理・媒介を行う。一方、保険仲立人は、特定保険会社からの委託を受けることなく、損害保険会社と保険契約者の間に立ち中立の立場で保険契約の締結の媒介を行う。

する「専業代理店（プロ代理店）」（保険代理店業務のみを生業としている代理店）と、本業（自動車ディーラー、自動車整備工場、不動産業者、旅行代理店など）に付随して代理店業を営んでいるが保険販売を兼ねる「兼業（副業）代理店」（兼業で保険代理店業務を行う代理店）がある。

地域金融機関が窓販を行う場合は、兼業代理店に分類される。

ウ　専属代理店と乗合代理店

一つの保険会社のみと代理店委託契約を締結している代理店を「専属代理店」（保険会社1社だけの委託を受けている場合）という。一方、複数の保険会社と代理店委託契約を締結している代理店を「乗合代理店」（複数の保険会社の委託を受けている場合）という。

信用金庫等の地域金融機関が窓販に向け複数保険会社の乗合代理店となる場合、生命保険会社の乗合いと異なり法令による規制は受けない。

エ　代理店登録申請と代申

保険代理店が業務を行うためには代理店登録が必要である（保険業法276条）。代理店登録は、各地の財務局に対して申請することにより行われる。

保険業法上、代理店自身が所轄財務局に直接代理店登録申請を行うことが可能とされるが、実務上、代理店が所属する保険会社により代理店登録申請が行われてきた。このような所属保険会社による代理店の登録申請を、「代理申請（代申：だいしん）」という[3]。

乗合代理店における代理店登録申請についても、実務上一般に、代表保険会社が他の保険会社を代理することによって行われている。

---

3　代申は「所属保険会社等を代理人とする登録の申請等」について定める保険業法284条の「届出をすることができる」との文言を根拠としており、実務上はすべての代理店登録が代申によって行われている。

オ　信用金庫における指定代理店と子会社代理店

＜信用金庫本体と指定代理店に関する経緯＞

1975年

　大蔵省通達（関連会社（適正化）通達）により、信用金庫が行うことの出来ない業務（保険代理店業務・不動産業務・物品販売業務）が「金融機関と親密な関係にある会社」で取扱い可能となった。なお、信用金庫による出資比率が10％以下である指定代理店（「別働代理店」と呼ばれた）は適正化済関連会社として信用金庫法で規定する金融関連会社とは別次元で合法的に存在していた。

1999年

　会計新基準（支配力・影響力を勘案した連結基準）を受けた金融庁事務ガイドラインにより、信用金庫の適正化済関連会社（保険代理店等）が「連結対象の範囲」に該当した場合、信用金庫は、信用金庫法で認められている業務範囲以外の業務（保険代理業務等）を行っているとして同法違反となることから、2002年3月末までの3年間を経過措置期間とした再適正化が求められ、「連結対象の範囲」に該当しないよう措置をとることが必要となった。

＜支配力・影響力基準＞

　○本体＋緊密関係者＞50％（子会社）

　○本体＋緊密関係者＋関連会社・子会社＞20％（関係会社）

2000年

　改正保険業法により信用金庫本体で保険窓販業務が認められたこともあり、子会社・関連法人等（特殊な関係のある会社）における保険業務は認められるだろうと甘い観測により信用金庫業界では再適正化があまり進まなかった。

2002年
　再適正化の要請を受け、親密生損保の協力を得て、信用金庫は指定代理店との資本関係を見直し、一部を除き非関連会社とした。
＜株主組成の見直し＞
　○本体＋緊密関係者＋関連会社・子会社＜20％に
　　→保険会社・第三法人・OB・役職員以外の個人出資等
　同年10月、信用金庫法改正により、信用金庫本体が販売可能な保険商品のみを取り扱う保険代理店を子会社とすることが可能となった。ただ、連結対象から切り離した指定代理店を再び子会社とする動きや、新たに保険代理店を設置する動きはなかった。

2005年
　保険業法改正により、「銀行等の子会社を利用した潜脱行為」を防止すべく、信用金庫本体に課せられた融資先販売規制等の弊害防止措置が子会社にも適用されることになった。

2007年
　窓販全面解禁によって、信用金庫およびその子会社においてすべての保険商品取扱いが可能となったが、融資先販売規制等の弊害防止措置は継続されたため、指定代理店を再び子会社とする動きはみられなかった。

2012年
　弊害防止措置規制の一部見直しがなされ、融資先募集規制、タイミング規制の一部緩和等が実施されたものの、金融機関の特定関係者（子会社・関連会社）に対する「知りながら規制」の見直しはなされなかった。

　以上のような経緯から、現在においても、信用金庫の指定代理店のほとんどは、信用金庫の子会社代理店にはなっていない[4]。今後も、子会社代理店

は信用金庫本体と同様に窓販における弊害防止措置への対応が求められるであろうことから、子会社化を検討するのか、それとも、現状の指定代理店を維持しつつ新たに信用金庫本体との共同募集体制を模索するのか、今後の課題となるであろう。

## (2) 損害保険代理店
### ❶ 損害保険代理店委託契約

損害保険代理店となるためには、損害保険会社の委託を受ける必要がある（保険業法2条21項）。損害保険代理店となるため、損害保険会社と代理店との間で締結される契約が、損害保険代理店委託契約である。そして、損害保険代理店委託契約の内容を書面化したものが損害保険代理店委託契約書である。損害保険会社と代理店との権利義務関係が定められており、保険契約の締結権、保険料領収権、告知・通知事項の受領権等の重要な権限が与えられている。

### ❷ 損害保険代理店委託契約の内容

損害保険代理店委託契約の構成は保険会社により契約内容は異なるが、おおむね以下のとおりである。

> 1．損害保険会社から代理店に対する、保険募集等所定業務の委託、および、それらに関する一定の権限を付与する旨
> ・保険契約の締結
> ・保険契約の変更・解約などの申し出の受付（クーリング・オフの受付を除く）
> ・保険料の領収
> ・保険料領収証の発行・交付

---

4 なお、信用組合においても状況は信用金庫と同様である。

・契約者などの告知・通知の受領
　　　※通常、代理店と契約を締結した時点で、契約が成立する。
２．その際の遵守義務事項
　　代理店委託契約書のほか、保険業法その他関係法令を遵守すること
　　保険業法に基づく代理店登録・届出をすること
　　保険募集および付随業務を自立して行うこと
３．事務処理方法
　　保険料領収、契約報告、保険料保管・精算など
４．保険事故への対応
　　事故通知、保険金請求手続の援助など
５．報酬
６．代理店契約の期限、解除権
７．損害賠償、保証人

### ❸ 損害保険代理店の業務

　損害保険の加入の約9割は、損害保険会社の委託を受けた損害保険代理店を通じて行われている。損害保険代理店は、損害保険会社と代理店との間で締結された損害保険代理店委託契約に基づき、損害保険会社を代理して保険契約を締結し、保険料を領収することが基本業務である。代理店の主な業務は以下のとおりである。

・保険契約の締結、媒介（保険会社の特別の指示がある場合）
・保険契約の変更・解除等の受付
・保険料の領収または返還、保管
・保険料領収証の発行・交付、保険証券の交付
・保険の目的の調査
・保険契約の維持、管理（満期管理・満期返戻金に関する業務等）

・保険契約の報告
・保険契約者等からの事故通知の受付、保険会社への報告
・保険金請求手続の援助

### ❹ 代理店手数料

　代理店手数料は、損害保険会社から代理店に支払われる代理店委託契約履行の対価であって、代理店が取り扱った保険料に代理店委託契約書等に基づき決定された代理店手数料率を乗じた金額が支払われる。代理店手数料についての詳細は代理店委託契約書において別紙・別表によることとされ、代理店委託契約書に付帯する代理店手数料取扱規定等に記載される場合が通常である。

ア　代理店手数料体系の沿革

　代理店手数料体系は、多様化する消費者ニーズを的確に把握し、きめ細かいサービスおよび適切な情報を消費者に提供することを可能とするとともに、保険業法施行規則53条1項9号に規定される「損害保険募集人の公正な保険募集を行う能力の向上を図るための措置」に対応した体系とすべく手数料体系が定められている。

　なお、手数料体系の構築にあたっては、①代理店の募集品質の向上と募集意欲の喚起を図るべく、保険募集能力に応じた公平な体系とすること、②代理店業務の自立化を可能とすべく、代理店の積極的取組みを喚起する体系とすること、③商品価格競争力と顧客サービスの充実を図りうる合理的な体系とすること等が考慮されている。

イ　代理店手数料体系

　「代理店手数料ポイント」が適用される保険種目の代理店手数料は、基礎代理店手数料率に代理店手数料ポイントを乗じて適用代理店手数料率が定められる。なお、代理店手数料ポイントが適用されない保険種目も存在する。

ウ 代理店手数料の計算方法の例
① 一般種目体系
（ⅰ）適用代手率の算出
適用代手率は、基礎代手率に基本ポイントと加算ポイントの合計ポイントを乗じ、100ポイントで除して算出する。

$$\text{基礎代手率} \times (\text{基本ポイント} + \text{加算ポイント}) / 100 = \text{「適用代手率」}$$

（ⅱ）代理店手数料の計算
代理店手数料は、領収保険料に「適用代手率」を乗じて計算する。

$$\text{領収保険料} \times \text{適用代手率} = \text{代理店手数料}$$

② その他体系（代理店手数料ポイント適用外の体系）
（ⅰ）適用代手率の算出
適用代手率は、基礎代手率をもって、適用代手率とする。

$$\text{基礎代手率} = \text{適用代手率}$$

（ⅱ）代理店手数料の計算
代理店手数料は、「適用代手率」を乗じて計算する。

$$\text{領収保険料} \times \text{適用代手率} = \text{代理店手数料}$$

## ❺ 保険業法283条と代理店の責任

　保険業法283条1項は、「所属保険会社等は、保険募集人が保険募集について保険契約者に加えた損害を賠償する責任を負う」とする。

　所属保険会社が賠償責任を負う趣旨は、「保険契約者保護の観点から、保険募集人が保険募集に当たって保険契約者に損害を与えた場合に、保険契約者がより資力のある保険会社に対して損害賠償を求めることを認めるものである」とされる。すなわち、「所属保険会社等と保険募集人の関係は、任用関係（…）、雇用関係（…）又は委託関係（保険募集代理店の場合等）や、損害保険会社と損害保険代理店の役員や使用人のように直接の法的関係がないこともあることを考慮して、保険業法に明文の定めを置いたもの」であり、本条は民法715条（使用者等の責任）の特則と解されている（安居孝啓『最新

保険業法の解説【改訂版】』958頁)。この規定の存在により、所属保険会社は自らの責任において、慎重な採用や実効性のある指導・教育等を通じ、保険募集人の適格性を確保することが求められることになる。

　ただし、保険業法283条は、代理店の資力が乏しい場合に「保険募集について保険契約者に加えた損害」の賠償義務を果たせない状況を想定し、「保険契約者保護の観点」から所属保険会社の賠償義務を重畳的に認める規定である。すなわち、「保険募集について保険契約者に加えた損害」について代理店が免責されることを認める規定ではない[5]。「保険募集人が保険募集について保険契約者に加えた損害」について、「所属保険会社の代理店に対する教育指導等の責任」等の根拠から所属保険会社の賠償義務が独自に賠償義務を負うものではなく、あくまで、代理店自身が賠償責任を負う立場にあることを忘れてはならない。

　所属保険会社と損害保険代理店は、損害保険代理店委託契約によって関係が規定される対等なビジネスパートナーであり、代理店ビジネスを継続するためには、代理店自身が保険募集人としての適格性を維持する努力を行う必要がある。

〈保険業法283条（所属保険会社等の賠償責任)〉

> 　所属保険会社等は、保険募集人が保険募集について保険契約者に加えた損害を賠償する責任を負う。
> 2　前項の規定は、次に揚げる場合には、適用しない。
> 一　所属保険会社等の役員である保険募集人（生命保険会社にあっては、

---

[5] 代理店が保険募集につき保険契約者に加えた損害については、所属保険会社が保険業法283条1項により責任を負う。しかし、同条2項は、所属保険会社が代理店委託につき相当の注意をし、かつ保険契約者に加えた損害発生の防止に努めていたにもかかわらず発生した損害などにつき免責としている。さらに、同条4項は、所属保険会社から代理店に対する求償権行使を認めている。

当該役員の使用人である生命保険募集人を含む。）が行う保険募集については、所属保険会社等が当該役員の選任について相当の注意をし、かつ、これらの者の行う保険募集について保険契約者に加えた損害の発生の防止に努めたとき。
二　所属保険会社等の使用人である保険募集人（生命保険会社にあっては、当該使用人の使用人である生命保険募集人を含む。）が行う保険募集については、所属保険会社等が当該使用人（生命保険会社の使用人の使用人を除く。）の雇用について相当の注意をし、かつ、これらの者の行う保険募集について保険契約者に加えた損害の発生の防止に努めたとき。
三　所属保険会社等の委託に基づく特定保険募集人又はその役員若しくは使用人である保険募集人が行う保険募集については、所属保険会社等が当該特定保険募集人の委託をするについて相当の注意をし、かつ、これらの者の行う保険募集について保険契約者に加えた損害の発生の防止に努めたとき。
3　第1項の規定は、所属保険会社等から保険募集人に対する求償権の行使を妨げない。
4　民法第724条（不法行為による損害賠償請求権の期間の制限）の規定は、第1項の請求権について準用する。

## 3 ｜生命保険および損害保険の募集人

### (1) 生命保険募集人

生命保険募集人以外の者が生命保険の募集を行うことは禁止されている（保険業法275条1項1号）。生命保険募集人とは、
① 生命保険会社の役員もしくは使用人

②　①の使用人
　③　生命保険会社の委託を受けた者
　④　③の再委託を受けた者
　⑤　③④の役員もしくは使用人

のいずれかであって、その生命保険会社のために保険契約の締結または媒介を行うものをいう（保険業法2条19項）。

　これらの生命保険募集人は、内閣総理大臣（実際には、その権限委任を受けた金融庁長官。保険業法313条1項）の登録を受ける必要があり（保険業法276条）[6]、この登録を受けて初めて生命保険の募集を行うことが出来る。

　この登録を受けずに保険募集行為を行った場合、1年以下の懲役もしくは100万円以下の罰金の罰則を受けることになる（保険業法317条の2第4号）。

　登録を受けた生命保険募集人が出来る生命保険の募集とは、その所属する生命保険会社等のために行う保険契約の締結の代理または媒介である。

### (2) 損害保険募集人

　損害保険募集に従事する役員・使用人（募集人）は届出が財務局に受理された日以降でなければ、保険募集を行うことが出来ない。届出の受理日前に保険募集を行った場合、法令違反である「無届募集」に該当するため、損害保険募集人とは何かを理解することが大切である。

　損害保険募集人とは、保険会社の役員または使用人、代理店（保険業法276条の登録を受けた者）、代理店の役員または使用人（保険業法302条の届出を行った者）をいう。ただし、募集人として届出を行うためには、以下の3要件を充足する必要がある。

　①　代理店の事務所に勤務していること

---

[6] この登録には、拒否要件が定められており（保険業法279条1項）、それらの事由の一部は、登録取消事由にも該当する（保険業法307条1項）。

② 保険募集に関し所定の教育を受けていること
③ その代理店の管理のもとで保険募集を行うこと

> **コラム ▶ 代理店（募集人）資格制度**
>
> 消費者に対する適切な商品説明・適合性原則に即した保険募集を行うため、代理店（募集人）の募集品質の向上に対する取組みとして、「（損害保険代理店等の教育・管理・指導について）育成、資質の向上を図るための措置が講じられ制度化することが必要となり、日本損害保険協会による募集人資格制度が運用されている。現在、募集人資格については、共通試験として「損害保険募集人一般試験」が2011年10月から実施されている。

## 4 代理店の日常業務

### (1) 損害保険の募集

保険募集とは保険の勧誘（契約締結の有無を問わない）から保険料領収証の発行・交付までの一連の行為をいう。保険募集の流れは以下のとおりである。

① 見込客→勧誘→募集文書等の交付→保険商品設計（募集時の権限明示（名刺等）・パンフレット等を活用した商品内容の説明）
② 重要事項の説明→顧客の意向確認（契約概要、注意喚起情報、その他ご注意いただきたい事項、ご契約のしおり、ご契約内容確認書等を活用する）
③ 契約締結（申込書の記入・捺印）＋申込書写の受領→保険料領収＋領収証の発行・交付

④　書類等の整理→保険会社から保険証券送付

### コラム ▶ パンフレットやチラシの法的意味

　店頭に置いてある保険商品のパンフレットやチラシに基づき「この保険に入りたい」と申し出を受けた場合、代理店はこの申し出に応じなければならないのだろうか。

　まず、店頭に置いてある保険商品のパンフレットやチラシはどのような法的意味を持つのだろうか。申込みの前段階として相手方に申込みを促す行為を、法的には「申込みの誘引」という。店頭備えつけの保険商品のパンフレットやチラシは、この「申込みの誘引」に当たる。仮に、パンフレットやチラシが保険会社や代理店による保険契約の「申込み」に当たるとすれば、「この保険に入りたい」という顧客からの申し出は「承諾」に該当する。しかし、「申込みの誘引」は「申込み」ではないことから、代理店は申し出に応ずる必要はない。

　なお、当事者間にあらかじめ「申込みに対し黙っていたら承諾とみなす」旨の合意があれば、沈黙は承諾となる。しかし、そのような特別の事情がない場合は、申込みに対して諾否を通知する義務はない（なお、商人間の取引であれば同種取引が継続して行われることが多く、申込みのたびに承諾を要求すると煩雑となる。そこで商法509条は、契約の申込みに対する諾否の通知を怠った場合、承諾したものとする）。

### コラム ▶ 保険契約申込書の意味

　保険契約締結時には保険契約申込書の受理が必須とされているがなぜだろうか。

　保険契約は契約内容が非常に複雑であり、契約の重要な内容について申込者

が了解したうえで申し込んでいることを申込書で明確化することが必要となる。また、合意内容を文書化し明確にすることにより、後日の紛争を予防する必要がある。

　このような理由から、保険契約申込書の受理が必須とされている。

> **コラム** ▶ **保険証券の意味**
>
> 　保険者は、損害保険契約を締結した際、遅滞なく保険契約者に対し所定の事項を記載した書面を交付しなければならない（保険法6条1項）。この書面は、保険契約の成立および内容を証する目的があり「保険証券」と呼ばれている。通常の保険証券（記名式保険証券）の法的性質は証拠証券であり、契約内容を明確にするための証拠としての意味を有しているとされる。ちなみに、信用金庫や信用組合が発行する出資証券は、保険証券と異なり信用金庫法や中小企業等協同組合法などにおける法律上の明文規定はないが、証拠証券である点で保険証券と性質が共通する。
>
> 　なお、保険契約更新の場合に送付する継続証等の書面には、所定事項がすべて記載されているわけではないが、保険法6条1項の書面交付義務は任意規定なので、簡略化した継続証の交付も違法ではない。

### (2) 適切な損害保険募集

以下では、損害保険代理店として保険募集を行う際に守る必要がある諸ルールを概観する。

#### ❶ 保険募集にかかわる禁止行為

i　保険業法に定められる主な禁止行為
・虚偽話法・重要事実の不告知（300条1項1号）

- 虚偽告知を勧める行為（2号）
- 告知妨害行為（3号）
- 不当な乗換え募集行為の禁止（4号）
- 特別利益の提供（5号）
- 誤解を招く比較表示の禁止（6号）
- 誤解を招く予想配当表示の禁止（7号）
- 保険契約者等の保護に欠けるおそれのある行為（9号）
- 威迫・業務上の地位等を不当に利用した募集行為（施行規則234条2号）
- 保険会社の信用・支払能力等誤解されるおそれのある表示行為（施行規則234条4号）

ⅱ 保険募集に関する著しく不適切な行為
- 保険料の横領・流用
- 印鑑不正使用
- 無面接募集（面接が必要とされていない契約に関する募集は除く）
- 作成契約（架空契約等）、名義借用契約、無断契約
- 付績契約（成績の計上操作）、不正な勤務実態の作出

ⅲ その他顧客に不利益をもたらす行為

### コラム ▶ 代理店による申込書への代筆・代印

　代理店が顧客と保険内容につき合意に至ったものの、顧客に仕事に関する緊急電話が入り申込書記載途中で現地に向かわなければならなくなった。代理店は代筆・代印の依頼を受けていないにもかかわらず、申込書に代筆・代印を行った。どのように考えるべきか。

　保険契約は、保険契約者と保険会社の意思の合致により契約の成立する諾成

契約であり、法律上契約書等の様式が決まっているものではない。しかし、保険契約締結の事実および契約内容を明確にすることで後日のトラブルを防止し顧客を保護する観点から、所定の申込用紙に保険契約者の自身による署名・捺印をしてもらう必要がある。保険契約内容の合意はあったが、代理店が代筆・代印を勝手に行った場合、保険業法307条１項３号違反（保険募集に関し著しく不適当な行為をしたと認められるとき）となるおそれがある点に注意が必要である。

もっとも、本設問のケースとは異なるが、保険会社の内規等においては、上肢障害や視覚障害等自署不能な者など正当な理由があることを条件に、一定の範囲の親族による代筆等を認める場合がある。

なお、保険契約内容の合意すらない場合は、不法行為や私文書偽造の可能性があり、代理店の登録取消事由となりうる。

以上より、原則として申込書への代筆・代印は行ってはならない。

## コラム ▶ 申込時における実印使用の要否

契約申込書に実印を用いる必要はあるのだろうか。

実印を用いる必要はないが、実印を押した申込書は証拠としての価値が高くなる。文書の成立に関する民事訴訟法228条１項は、「文書は、その成立が真正であることを証明しなければならない」とする。「申込書が申込書記載の契約者によって作成されたのか否か」が争いとなった場合、文書の成立の真正の証明が必要となる。文書の真正につき、４項は「私文書は、本人又はその代理人の署名又は押印があるときは、真正に成立したものと推定する」とする（法律上の推定）。「本人又はその代理人の署名又は押印があるとき」といえるのか否かにつき、「本人又は代理人の『意思に基づき真正に成立した』署名又は押印があるとき」とする。そして、『意思に基づき真正に成立した』に関し、「文書中の印影が本人又は代理人の印章によって顕出された事実が確定された場合には、

反証がない限り、当該印影は本人又は代理人の意思に基づいて顕出されたものと推定する」(事実上の推定)。以上が判例の考え方である(最判昭和39年5月12日)。

実印登録をすることにより、登録した印影は自己の印鑑によるものである旨の証明書を役所等から発行してもらうことが出来る。このような証明書の存在は、文書中の印影が本人または代理人の印章によって顕出された事実の確定にとって重大な影響を及ぼす。

### ❷ 業務規制
ア 自己契約と特定契約

損害保険代理店はその主たる目的として、自己契約の募集を行ってはならない(保険業法295条)とされる(自己契約の規制)。また、監督指針代理店と人的・資本的に密接な関係のある「特定者」の契約募集を主たる目的としてはならないとされる(特定契約の規制)。

イ 付替契約、および、社員代行の禁止

付替契約とは、損害保険会社の役職員が自ら募集した保険契約を所属代理店に付け替える行為をいう。また、社員代行とは、代理店が自ら行うべき契約の募集行為やこれに伴う代理店の事務処理等を保険会社の社員が代行して行うことをいう。いずれも、禁止されている。

### ❸ 不祥事件

不祥事件とは、保険会社が保険業法に基づき金融庁もしくは財務局に届出義務を負う不適正事案であって、保険会社および代理店の役職員が保険業法施行規則85条5項に該当する行為を行った場合をいう。不祥事件の例としては、作成契約(無断契約、勝手契約、名義借契約、未熟契約、架空契約)、作成契約類似行為(説明不十分契約、承諾不十分契約、不適切契約、遡及契約、超過保険契約)、他人名義印使用・署名代筆、保険料の流用・費消、保険金不正請求・着服等があげられる。代理店がこれらの不祥事件を起こした場合、代

理店委託契約解除等の措置がとられる可能性がある。

なお、保険会社が届け出た不祥事件のうち、銀行等の弊害防止措置に係る事件の類型は、「顧客の同意を得ない非公開情報の利用」と「銀行取引等に影響がない旨の不説明」が多くを占めている。

### (3) 契約意思の確認と契約締結

保険契約締結に際しては、「ご契約内容確認書」等を用いて、契約意思や契約内容の確認を行う。また、告知事項の確認等が行われる。

また、犯罪収益移転防止法に基づく本人確認も行われる。

#### コラム ▶ マネー・ローンダリングと犯罪収益移転防止法

「犯罪による収益の移転防止に関する法律」が平成23年4月に改正（以下、「改正犯収法」という）されるとともに、平成24年3月に改正犯収法の政省令である犯収法施行令、犯収法施行規則（以下、「犯収規則」という）が公布された。以下においては、金融機関実務への影響が大きいKYC（Know Your Customer）やCDD（Customer Due Diligence）に関連する改正について述べる。なお、「マネー・ローンダリング対策等に関する懇親会」（座長：安富潔）がさらなる法改正を見据えた検討をしており、この動向にも注目が必要である。

1　取引時に確認すべき顧客管理事項の追加

改正前の犯収法においては、「本人特定事項」（自然人については住所・氏名・生年月日、法人については名称および本店または主たる事務所の所在地）のみについて、公的書類等による確認が義務付けられていた。

改正犯収法においては、本人特定事項といった顧客の同一性（特定）のみの確認でなく、取引目的、顧客等が自然人の場合に職業、顧客等が法人の場合に事業内容および実質的支配者の本人特定事項についても一律確認を義務付けることにより、顧客管理が大幅に強化されており（改正犯収法4条1項）、顧客等

の取引態様が上記属性情報に照らし不自然でないか検討し、これも考慮材料として疑わしい取引の届出の判断に資するようにしている。

2　ハイリスク取引時の措置

　取引の相手方が①顧客等になりすましている疑いがある場合、②契約時確認事項を偽っている疑いがある場合、③イラン・北朝鮮に居住・所在する者との間の取引という三つのハイリスクの類型の取引に際して、通常よりも厳格な確認方法を必要とし、前記の本人特定事項および取引目的等の（再）確認が必要となる。従来は特定取引時のみに本人確認が必要とされていたが、FATF勧告で求められているリスクベース・アプローチの考え方を背景に、取引時確認が必要な時点を拡充したものである。

　また、上記①ないし③の取引であって、かつ取引価額が一定額（200万円）を超える財産の移転を伴う場合は、疑わしい取引の届出に必要な限度で、資産・収入の確認義務付けがなされることとなった（改正犯収法4条2項）。

3　継続的顧客管理

　疑わしい取引の届出等を的確に行うため、確認事項に関する情報を最新の内容に保つための措置（継続的な顧客管理）の努力義務が課されている（改正犯収法10条）。

　特定事業者が取引の開始時に把握することの出来ない取引の異常性などを発見し、的確な判断を行うには、継続的な顧客管理を行い、顧客等の最新の本人特定事項を把握する必要があり、確認した事項に関する情報を最新の内容に保つなど、事業者の内部における態勢整備がより重要となっている。

　そこで、取引時に確認した顧客情報のアップデートが求められ、たとえば、取引時確認において確認ずみの事項に変更があった場合、顧客等が特定事業者にこれを届け出る旨を約款に盛り込む措置などが想定されている。

4　内部管理体制の構築

　疑わしい取引の届出等を的確に行うため、使用人に対する教育訓練の実施その他の必要な体制整備についての努力義務が課されている（改正犯収法10条）。

すでにAMLコンプライアンス・プログラムを整備している金融機関においては、新たに整備すべき事項は特段ないと思われるが、具体的内容として、①従業員に対する教育訓練、②疑わしい取引の届出の該当性を一元的に集約・判断する専門部署の設置および権限の明確化、③犯収法の遵守態勢を監査する機能の強化、④疑わしい取引の届出等に関する内部手続や具体的実務フローを定めた規則の策定、⑤マネー・ローンダリングに関する情報検索システムの導入などが考えられる。

### (4) 保険料の保管と精算
#### ❶ 保険料
　保険契約者は、保険者の危険負担の対価として、契約に定めた報酬を支払う義務を負う。この報酬が保険料である（保険法2条1号3号）。保険料（営業保険料）は、純保険料（将来保険金支払いに充てられるべき部分）＋付加保険料（保険者の経費・租税・代理店手数料等に充てられる部分）で構成される。

　そして、これらの金額の保険金額に対する割合を、各々、営業保険料率、純保険料率、付加保険料率という。なお、純保険料の営業保険料に対する割合を予定損害率といい、付加保険料中の事業費相当額の営業保険料に対する割合を予定事業費率という。

　なお、保険料率の認可は内閣総理大臣の認可事項である。損害保険料率算出機構が算出した料率を内閣総理大臣に届けて審査を受ける方法と個別的に各保険者が算出した料率の認可を受ける方法とがある。

#### ❷ 保険料不可分の原則
　保険者が短時間であっても危険を負担した場合、損害保険契約が保険料期間の中途で失効や解約となり保険者が危険の負担を免れることとなったとしても、保険者は保険料期間に対応する保険料を全額取得出来るとする原則である。純保険料は保険料期間を単位として測定された危険率に基づき算出さ

れるため、保険料不可分が原則とされている。

　ただし、現在、一定の場合には既経過期間に対応する保険料を月割または短期料率によって算出した残額を保険契約者に返戻する旨を規定する約款も多い。また、契約が失効した場合、告知義務違反による解除、通知義務違反による解除、重大事由による解除等では、保険料の月割計算も可能とされている。

### ❸ 保険料の支払

#### ア　保険料支払義務者

　保険料支払義務は、保険契約者の中心的な義務である。口座振替契約においては、「保険契約者≠口座名義人」となるケースもあるが、保険料支払義務者はあくまで保険契約者であり、「保険契約者＝口座名義人」が原則となる。

　「保険契約者≠口座名義人」のケースは、保険契約者の債務履行を口座名義人が引き受けたと考えられ、口座名義人が弁済しなければ保険料支払義務は保険契約者の保険会社に対する債務不履行となる。なお、「口座振替申込書」には、たとえば、「私と指定口座の名義人が別人であっても、保険契約上の責任は保険契約者である私が負います」と記載されている。

#### イ　保険料の受領権者

　保険料の支払は保険者または保険者のために受領する権限がある者に対してなされなければ効力を生じない。損害保険では契約締結代理権を有する損害保険代理店に保険料の受領権限も付与されているのが通例である。

　パンフレット等には、「代理店は弊社との委託契約に基づいて、保険契約の締結・保険料の領収・保険料領収証の交付・契約の管理等の代理業務を行っています。したがって、代理店と締結して有効に成立した契約については、保険会社と直接契約されたものとなります」等と記載されている。

#### ウ　支払時期

　2回目以降の保険料支払時期は、1回目の保険料払込期日以降に到来する

毎月の払込期日となる。口座振替の場合、提携金融機関ごとに保険会社が定める期日となる。口座振替以外の方法で払い込む場合は保険会社所定の期日となる。

　保険料不払いの場合の免責については、払込期日の属する月の翌月末までに、その払込期日に払い込むべき保険料の払込みを怠った場合、保険料の払込みを怠った払込期日の翌日以後に生じた事故による損害または費用に対しては保険金を支払わない等と定められている。

エ　一時払保険料

　損害保険における約款条項は、保険期間開始後であっても保険料領収前に生じた損害に対しては保険金を支払わないとしており（保険料領収前免責条項）、保険料未払いを免責事由に位置付けていると考えられる。保険期間は約定期間のとおりに開始し、保険料の不払いは免責事由となる。

オ　分割払いの場合の初回保険料

　一時払保険料と同様、払込前に発生した保険事故について保険者は責任を負わない旨が特約されている。分割払いには、1ヵ月以上払込みがない場合等に保険者が解除権を有することが約定されているが、一時払いの場合と同様、相当期間が経過すれば保険契約を解除する必要がある。

カ　保険料の支払方法

　口座振替以外の方法には、①店頭へ持参、②集金、③指定口座への送金・振込、④団体扱、⑤クレジットカード払い、⑥コンビニエンス・ストアでの支払等、多様化しているが、実際の支払方法は約款に記載され、保険会社によって異なる。

### コラム　▶　保険料専用口座の差押え

　兼業代理店が倒産したとのことであり、代理店に対する「破産手続開始等の通知書」が保険会社に届いた。保険料専用口座は凍結されており、保険料の精

算[7]が出来ない。どうしたらよいのか。

　この点に関しては、平成15年2月21日最高裁判決がある。事件の概要は、A損害保険会社所属代理店（建設会社）の倒産時に、地元金融機関が当該建設会社に対する債権と保険料保管口座の預金額を相殺したため、A損害保険会社が地元金融機関に預金額の返済を求めて訴訟したというものである。一審、二審ともA損害保険会社が勝訴したものの、最高裁では、損害保険代理店が保険契約者から収受した保険料のみを入金する目的で開設した普通預金口座の預金債権が「損害保険会社」にではなく「損害保険代理店」に帰属するとされ、A損害保険会社の敗訴となった。

　判決理由は、①保険料専用口座の名義をもってして保険会社を表示しているとは認められない、②保険料専用口座の通帳および届出印は当該代理店が保管し、本口座への入出金の事務は当該代理店が行っている、③金銭（保険料）については、占有と所有が結合しているため、金銭の所有権は常に金銭の受領者（占有者）である受任者（代理店）に帰属し、受任者（代理店）は同額の金銭を委任者に支払うべき義務を負うことになるにすぎない、というものである。

　そのため、本件においては、保険会社が保険料の精算を行うことは困難であると思われる。ただ、平成15年2月21日付最高裁判決の射程については、議論の余地が残されているといえるのではなかろうか。

## (5)　満期管理

　満期管理に関しては、満期通知ハガキを送付したものの契約者に連絡がとれず、結局契約は継続されず、満期経過後、事故報告がなされた等のケースが生じることがある。契約が更改されていない旨を伝えると、「満期時に代

---

7　保険料精算とは、代理店が契約者から領収した保険料から所定の代理店手数料を控除した残額を、保険会社所定の期日までに指定口座に着金させることをいう。

理店から連絡がないので当然に契約が継続していると思っていた。保険金を支払ってほしい」、「契約の継続手続が遅れたため、自動車保険の等級引継ぎが出来なかった。さかのぼって継続手続をするか、契約終了前の等級との差額の保険料を支払ってほしい」、「自動車保険を契約していたが、知らない間に満期が過ぎ、無保険状態になってしまった。保険会社から事前の満期通知がなかった。保険会社は、契約者に対して満期通知をする義務があるはずだ」等の激しいクレームが生じることがある。

満期管理については、金融庁HPでは、「保険業法等法令上においては、保険会社に対し保険契約者等への満期通知を義務付けているものではありません。満期管理に関しては、保険会社任せとせず、契約者ご自身の問題として管理していただくことが重要です」としている（「保険商品等に関する利用者からの相談事例等と相談室からのアドバイス等」）。

また、日本損害保険協会はHPにおいて、「保険会社には契約者に対し契約の満期時に通知をする義務はありません。満期管理（満期日のチェックと継続手続）については、契約者自身の責任で管理していくことが必要です。しかし、保険会社では、契約の継続手続きの忘れを防ぐために、サービスの一環として満期通知を行う場合があります。なお、自動的に契約を継続させるように設定した場合には、満期通知ではなく、満期前に契約の継続を確認する書面が送付されます」としている（損害保険Q&A web版「そんぽ相談ガイド」）。

なお、満期管理に関しては、個別的な事情に基づく信義則上の義務を認め代理店に損害賠償責任を認める一方、保険契約に関する一般的な義務としての満期通知義務は認めず保険会社の責任を否定した裁判例として松山地裁今治支判平成8年8月22日、前橋地裁高崎支判平成8年9月7日、福島地判平成11年5月14日がある（なお、いずれも、契約者側の重大な過失を認定し、8割の過失相殺を行っている）。

**コラム ▶ 引受謝絶・継続謝絶**

　保険契約の引受謝絶については、「保険契約の満期が近づいた。契約者はA代理店で継続を希望しているが、A代理店としては、人員削減、遠方等のため、説明をしきれない等の事情により代理店都合で継続契約を断りたいが可能か」、「傷害保険の契約者で事故多発者がおり、継続契約の謝絶を行いたいが可能か」等の相談が寄せられる。

　契約者の意向に沿わない引受条件や謝絶もありうるが、引受謝絶の法的根拠は、民法上、「契約自由の原則」により契約に応じるか否かは保険会社側の自由であるという点にある。これは、契約更改においても同様である（もっとも、法律上会社に契約引受義務が定められている自賠責や、別途約款に自動継続条項が定められている保険を除く）。ただし、約款に自動継続条項がある契約については、契約自由の原則に基づく謝絶が出来ないので、注意が必要である。

　したがって、代理店都合の謝絶であっても、契約自由の原則からすれば謝絶は可能である。ただし、謝絶後のトラブルを防止する観点からは、謝絶を行う合理的理由の有無を検討しておくことが必要となる。たとえば、①謝絶理由が人員削減、遠方、説明をしきれない等、契約手続面で代理店の十分な対応が期待出来ず、顧客に不利益が生じる可能性がある、②特定の契約者を差別的に排除しているわけではない等である。顧客に対する適切な対応を行うとの観点からは、顧客が継続を希望する場合には、顧客の了承のうえで、他代理店の紹介を行うという方策も検討可能であろう。

　謝絶に際してどの程度の理由を付するべきかが問題となる。謝絶の際に理由を詳細に記載すると、相手方にクレームをつける手がかりを与えてしまうことから、相手方が「謝絶の理由を教えろ」等うるさくいってきた場合には、「保険会社の判断に従い、お引受け出来ません」と回答すれば足りる。

　ただし、謝絶を行うのであれば、可能な限り早期に申入れを行うことが重要である。顧客保護に配慮し、保険期間終了前に十分な時間的余裕をもって引受

けの謝絶を伝える等の対応をする必要があろう。また、満期の翌日に事故が発生した場合の紛争予防として、引受謝絶に加え、満期案内等によって契約者に保険期間の終了時期について周知させるべきである。

## (6) 保険契約の終了

### ❶ 保険期間の満了

約定の保険期間の満了により保険契約は当然に終了する。通常の損害保険契約では、保険期間の満了のみによっては保険者から保険契約者に対して何らの給付もなされないが、保険契約終了後も保険期間中に発生した保険金支払事由に関する法律関係は残存する。

### ❷ 保険契約の無効・取消し

保険契約が無効あるいは保険契約の取消しにより契約当初から遡及的に無効となる場合（民法121条）、原則的には不当利得の法理による範囲で保険料の返還が認められるが、例外的に保険者が保険料返還義務を負わない場合がある。

保険契約者または被保険者による詐欺または強迫を理由として意思表示を取り消した場合には、保険者は保険料返還義務を負わない（保険法32条）。また、保険契約者が保険契約の申込みまたはその承諾をしたときに、保険契約者または被保険者がすでに保険事故が発生していることを知っていたために責任遡及条項が無効とされる場合（保険法5条1項）には、原則として保険者は保険料返還義務を負わない（保険法32条2号本文）。ただし、保険者が保険事故発生を知ってその保険契約の申込みまたはその承諾をした場合は保険料返還義務を負う（保険法32条2号但書）。

### ❸ 保険契約の解約

保険契約者は、いつでも保険契約を解約することが出来る（保険法27条、54条、83条）[8]。保険契約者によって解除された場合、保険契約は、将来に向

かってその効力を失う（保険法31条1項、59条1項、88条1項）。

保険契約者が保険契約を解約した場合、約款に基づき、解約返戻（払戻）金が存在する場合には、解約返戻（払戻）金が支払われることが多い。しかし、一般に、その金額はそれまでに支払われた保険料累計額に満たないことが多く、紛争が生じる原因にもなっている。

> **ケース**
>
> Aは、金融機関の窓口で、職員から一時払い終身保険を紹介され、一時払保険料2000万円を支払って加入した。しかし、後日、Aは、銀行に対し、この保険を途中で解約した場合、解約返戻金額が、それまでに払い込んだ保険料総額を下回ることがあることを聞いていなかったとして、既払込保険料2000万円の返還を求めた。

◆ 解 説 ◆

このケースのように、締結した保険契約の内容が契約締結時の認識と異なると主張される紛争は、後を絶たない。生命保険相談所が受け付けた苦情においても、相当の割合を占めている。

この主張は、法律上、消費者契約法4条1項、2項に基づく契約申込みの取消しや民法95条に基づく錯誤無効によるものであると整理出来る。

保険募集人は、募集に際して、正確な説明を行い、また、契約上重要な事項を告げなければならない（保険業法300条1項1号）。近年の保険商品の内容は複雑なものが多く、その内容を正確に理解するためには、保険募集人が契約上重要な事項を正確に説明することが前提となる。この法規制は、その前提を確保する趣旨である。また、この法規制を実効性あるものにするために、保険会社向けの総合的な監督指針Ⅱ-3-5-1は、保険募集人に対

---

8 保険法では「解除」と定められているが、保険実務においては、保険会社からの解除と区別して「解約」と呼称することが多い。

し、さらに以下の行為を求めている。

① 「契約概要」「注意喚起情報」を読むことが重要であることの口頭による説明
② 免責事由等、特に不利益な情報が記載された部分を読むことが重要であることの口頭による説明
③ 乗換・転換の場合、それが不利益になる可能性があることの口頭による説明
④ 「契約概要」「注意喚起情報」の際、顧客が理解するために必要な方法・程度による説明
⑤ 申込者が「契約概要」「注意喚起情報」の内容を理解するために十分な時間の確保

これらを怠った場合、それが直ちに、保険契約の取消しや無効に結びつくものではないが、それらの主張を根拠付ける重要な事実となる。したがって、保険募集人には、前記監督指針記載の行為の徹底はもちろんのこと、その履践を記録化しておくことが求められる。

実際の紛争事例においては、申込みに至る前に、保険募集人がどのような説明を行い、契約者がどのような認識でその契約を申し込んだのかという事実の認定、およびその評価が争われることが多い。募集の場面において、当該契約者の意向を正確に理解し、それに沿った商品の提案が重要であることはいうまでもないが、紛争防止という点では、

・当該保険商品の内容についてのわかりやすい募集資料の作成
・契約者の意向が、それぞれどのように契約内容に反映されたのかを確認するチェックシート
・契約者自ら、申し込んだ契約内容が意向に沿うものであることを確認した意向確認書

等の資料、書類の整備が有益となろう。

### ❹ 保険契約の解除

保険者による保険契約の解除については、保険法において一定の解除事由が定められている。告知義務違反による解除（保険法28条）、危険増加による解除（保険法29条）、重大事由による解除（保険法30条）の三つである。これらはすべて片面的強行規定とされる（保険法33条1項）。ただ、保険法で定められた場合以外に法令に基づく解除が認められないわけではない。保険法は民法等の他の法律の適用を排除するものではなく（保険法1条）、民法などにより解除権が認められる場合には解除が可能である（たとえば、保険料不払いは保険契約者の債務不履行であるから、保険料不払いの際に債務不履行による解除（民法541条）が認められる）。

なお、解除の効力は将来効である（保険法31条1項）。保険者は、解除日以前は保険契約者から保険料を収受してリスクの引受け（危険負担）を行うが、解除日以降はリスクの引受け（危険負担）を行わず、すでに保険契約者から保険料を収受している場合は返還することとなる。なお、保険法31条1項は片面的強行規定であり、解除の効力として遡及効を定める規定は無効となる。

### ❺ 保険契約の失効

被保険利益の消滅などにより保険事故発生の可能性が消滅した場合、または保険者が破産手続開始決定を受けた後、保険契約者が契約を解除せずに3カ月経過した場合（保険法96条2項）などには保険契約は失効し、その場合には保険料の一部返還が定められている。

また、生命保険約款においては、通常、保険料の支払が一定期間なされなかった場合には、当該保険契約は失効すると定められている。約款には、失効後、一定期間内に未払保険料を支払うことによって、保険契約を復活させることが出来ると定められていることが一般的である。なお、この失効制度に関しては、「ソニー生命事件最高裁判決」（最判平成24年3月16日）においてそれが消費者契約法10条に違反するものではなく、有効であると判断され

ている(実務においては、「ソニー生命事件差戻後控訴審裁判決」(東京高判平成24年10月25日)も重要である)。

### ❻ 被保険者の死亡

　生命保険は、被保険者の生死を保険事由とするものであるため、被保険者が死亡した場合には、その目的を失い、消滅することになる。

# 第 3 章

# 保険窓販・代理店募集における トラブルと解決策

## 1 保険販売ルール全般

　地域金融機関本体が保険募集を行うためには、保険代理店すべてに求められる保険募集ルールの遵守に加えて、独自に遵守すべき「弊害防止措置対応」等がある。保険販売をするうえで法令遵守態勢の確立、保険募集前の顧客からの事前同意の取得、保険募集制限先に係る対応、保険募集後の業務等について十分に理解しておく必要がある。

### (1) 非公開金融情報保護措置、非公開保険情報保護措置

> **ケース**
>
> ＜申し出内容＞
> 　付き合いのあった信用金庫から、突然、「お客様の預金残高を前提に、それを運用して増やすための変額年金保険を提案いたします」という手紙と一緒に、パンフレットや保険設計書が送られてきた。そんな提案を頼んだことはないし、預金残高の情報を保険に使うことに同意したこともない。個人情報の不当な利用ではないか。

◆　解　説　◆

1　個人情報保護法

　個人情報保護法16条1項は、あらかじめの同意を得ずに、特定された利用目的の範囲を超えて、個人情報を利用することを禁止している。預金残高のみでは、個人情報（生存する個人に関する情報であって、当該情報に含まれる氏名、生年月日その他の記述等により特定の個人を識別することが出来るもの。個人情報保護法2条1項）には該当しないと解されるが、書類の送付にあたっては、氏名、住所等の情報を使用しているのであり、その点で、目的外利用が問題となりうる。

この点については、預金口座開設等の手続時において、個人情報の利用目的を特定する際、預金取引等だけでなく、保険も含めた資産運用、金融取引の提案等に個人情報を利用することがある旨を明示し、説明しておくことで、個別の同意を得る必要がなくなり、また、個人情報保護法への抵触を防ぐことが出来る。実際にも、窓販チャネルとなっている金融機関を中心として、そのような利用目的を設定している金融機関が多いのではないかと思われる。

## 2　非公開情報保護措置

　金融機関が預金等の取引に際して取得した非公開金融情報を保険の募集（保険契約の締結の代理または媒介。保険業法2条26項）に利用する場合には、書面等により、顧客の事前同意を得る必要がある（銀行法施行規則212条2項1号、監督指針Ⅱ－3－3－9－2）。また、金融機関が、保険の募集に際して取得した非公開保険情報を銀行取引に利用する場合も同様である。

　ここでいう非公開金融情報、非公開保険情報は、以下のように整理される。

| 情報区分 | 情報の開示 |
| --- | --- |
| 非公開金融情報 | 預金、為替取引、資金の借入れに関する情報<br>金融取引または資産に関する公表されていない情報 |
| 非公開保険情報 | 生活（家族構成等）、身体（健康状態等）、財産（年金受給状況等）に関する公表されていない情報で保険募集を通じて得た情報 |

（注）　顧客の属性に関する情報（氏名、住所、性別、生年月日、職業等）は、非公開情報に含まれない。顧客の属性に応じて見込み客を選別することは、目的外利用等とならず、個人情報保護法を遵守している限り、事前の顧客の同意は必要ない。
（出所）　一般社団法人全国銀行協会「生命保険・損害保険　コンプライアンスに関するガイダンス・ノート」（2012年2月）を参考に作成

　保険監督指針においては、非公開金融情報や非公開保険情報の利用につい

て顧客から同意を得る場合、当該同意の有効期間、撤回の方法、非公開情報を利用する保険募集や業務の方式（対面、郵便等の別）、利用する非公開情報の範囲を具体的に明示する必要があるとされている。また、事前に顧客の同意を得る方法としては、①対面、②郵便、③電話、④インターネット等に分けて具体的な記載がある（保険監督指針Ⅱ－3－3－9－2）。

なお、近年は、保険監督指針に定める前記同意の有効期間について、期限を定めずに顧客が撤回の意思表示を行うまでの間を有効とする金融機関も増えているが、期間を設けている場合には、保険募集時に顧客から得た同意の有効期間が経過していないか、注意する必要がある。

本ケースでは、非公開金融情報である預金の残高を利用して、具体的な保障内容の設計、提案（保険募集）まで行っており、このルールに抵触していることになる。

なお、本ケースでは、具体的な設計書等を送付しているが、単なる商品パンフレットを送付しただけでは、一般的に保険募集には該当しないと考えられている。ただし、その場合でも、送付後に、非公開情報を基に作成した送付先リスト等を使って、訪問等の保険募集行為を行うことは出来ない点に留意が必要である（そもそも、金融機関との取引によって知った情報を基にして、「もっぱら保険募集のための顧客のリストアップ」を行うこと自体が、「保険募集に係る業務」に該当し、顧客の事前同意を得る必要があるとされている（平成17年7月7日金融庁パブコメ回答））。

3　実務上の対応

情報の取扱いに関する紛争は、比較的多いため、（個人）情報の取扱いについてのルールを定め、それをもとに各職員が対応している会社も多いと思われる。このようなルールは、法令に基づいた内容になっていると思われるため、情報の取扱いに関する申し出があった場合には、まずそのルールに従った対応がなされていたのかについて確認する必要がある。

## (2) 保険募集指針の策定、公表および実施

> **ケース**
>
> 地域金融機関において、窓販で保険に加入した顧客から苦情の申立てがなされた。顧客は保険募集指針を援用し、担当者の対応につき、「募集指針どおりにやっていない」、「募集指針に違反がある」等と主張している。どのように対処すればよいか。

◆ 解　説 ◆

　地域金融機関は、保険募集に係る保険契約の引受けを行う保険会社の商号または名称を明示し、保険契約の締結に際して顧客が自主的に判断を行うために必要と認められる情報の提供その他の事項に関する指針を定め、公表し、その実施のために必要な措置を講じなければならない（保険業法施行規則212条2項2号、212条の2第2項2号）。これは保険募集の適正を確保するために定められた規定である。

　本ケースにおいて、顧客は保険募集指針違反を訴えているが、保険募集指針は募集の適正を確保するために必要な事項を示したものである以上、申立てへの対応は必須となる。対応は、以下のとおりとなるだろう。

　まず、保険募集指針に違反する事実が存在するのか否かの事実確認を行う必要がある。事実確認に際しては、顧客の主張、担当者からのヒアリング結果、当時作成された書類等の精査等を通じて、時系列として事実を整理することが有益である。

　次に、事実確認が完了次第、保険募集指針違反事実の有無を判断することになる。なお、顧客が保険募集指針違反を主張している場合、保険契約に関して何らかのトラブルが発生している可能性が高い。そこで、保険募集指針違反事実が存在した場合には、すみやかにトラブル内容と顧客の主張および事実確認結果を保険会社担当部署に報告しておく必要があるだろう。

そして、保険募集指針違反事実が存在すると判断された場合には、違反内容および保険契約に関するトラブルの内容を踏まえ、保険会社と相談のうえ、その指示に従いつつ、トラブル解決にあたることとなる。

### (3) 法令等遵守責任者・統括責任者の配置

> **ケース**
> 
> 銀行等においては、法令等遵守責任者や統括責任者を配置しなければならないとのことであるが、どのような能力を有する人材をどこに配置したらよいか。

◆ 解 説 ◆

銀行等は、保険募集に係る法令等の遵守を確保する業務に係る責任者（法令等遵守責任者）を各営業所・事務所に配置し、さらに、その責任者を指揮し、法令等の遵守を確保する業務を統括する統括責任者を、本店・主たる事務所に配置しなければならない（保険業法施行規則212条2項3号、212条の2第2項3号）。

なお、銀行等は、形式的に責任者を配置すれば足りるものではなく、保険募集に関する法令や保険契約に関する知識等を有する人材を配置し、保険募集に係る法令等の遵守を確保する業務が確実に実施される体制を確保する必要があることに留意が必要である（保険監督指針Ⅱ-3-3-9-7）。

また、内部監査部門には、保険募集に関する法令や保険契約に関する知識等を有する人材を配置し、保険に係る業務についての実効的な内部監査を実施する必要がある（保険監督指針Ⅱ-3-3-9-8）。

### (4) 優越的地位の不当利用の禁止・他の取引への影響の説明

> **ケース**
> 
> A信金は、長年にわたり、継続して帳票、名刺等の印刷を委託して

いる印刷業者Bに対し、一時払い終身保険への加入を勧誘した。B
は、これに対し、印刷不況により苦しい財政状況であるうえ、すでに
保障性の保険に加入していたため、必要がないと断っていたところ、
A信金の役員が訪問し、直接要請を受けた。Bは、A信金から融資を
受けているほか、印刷業でも固定的で重要な収入源であることから、
それらへの影響をおそれ、同保険に加入した。

◆ 解 説 ◆

1 優越的地位の不当利用の禁止

　金融機関は、自らが行う信用供与の条件として保険募集を行うなど、自己の取引上の優越的な地位を不当に利用して、保険募集をすることが禁止されている（保険業法施行規則234条1項7号）。

　これは、事業会社は一般に、地方銀行や信用金庫等からの資金調達の割合が多く、合理的でない取引にも応じざるをえない状況が想定されるところ、そのような不当な保険募集を防止する点にある。その点で、独占禁止法上の不公正な取引方法である優越的地位の濫用と同様の場面が想定されている。もっとも、保険業法と独占禁止法とでは、その目的や保護の対象が同じではなく、要件・効果も異なるため、それぞれの観点から検討する必要がある。

　優越的地位にあるかどうかは、さまざまな事情を総合的に考慮して判断することになる。その考慮要素としては、取引依存度が高いこと、市場において高い地位にいること、他の取引先に変更することが困難であること、その他その取引先と取引を続けることが必要である事情があげられる[1]。

　本ケースにおいて、印刷業者Bにとって、財政面におけるA信金への依存度が高く、Aは、Bに対して優越的な地位にあるといえるであろう。また、

---

1　なお、これらは、独占禁止法上の優越的地位の認定にあたって考慮されている事情である。保険募集の健全性を趣旨とする保険業法においては、これほど高度な取引依存度等が求められず、優越的地位と認定されやすい可能性もある。

Bが、必要性がないと答えているにもかかわらず、役員までが訪問して要請している点のほか、融資や印刷取引への影響を感じていることからすれば、その地位を不当に利用したと認められるだろう。

　なお、不当な利用に該当する行為について、一義的に示すことは困難であるが、その顧客にとって、保険契約の必要性がないことや、取引内容に合理性がないこと等は、不当な利用であることを認める方向で評価される事情といえる。また、本ケースにおいて、Bは、最終的に保険契約申込書に署名しており、申込みの意思表示がなされていることになるが、このような形式的な意思（合意）だけでは、保険業法および独占禁止上の規制上有効とは認められない。

　なお、独占禁止法上の優越的地位の濫用の事案として、融資先事業者に対して、金利スワップの購入を提案し、融資先事業者がその提案に応じない場合には、金利スワップの購入が融資の条件であること、または金利スワップを購入しない場合には、融資の条件が不利になること等を明示または示唆して、金利スワップの購入を強制していた銀行員の行為が、優越的地位の濫用に当たるとされた事案がある（公取委平成17年12月26日勧告審決）。

## 2　他の取引への影響の説明

　保険業法施行規則234条1項8号は、金融機関が保険募集を行うにあたっては、あらかじめ、顧客に対し、その保険取引が金融機関の顧客に対する他の業務に影響を与えないことを、書面の交付により説明しなければならないことを定めている。

　これは、前述した優越的地位の不当利用規制と同様の趣旨であり、いわば、優越的地位の不当利用規制の実効性を確保するための規制であるといえる。実務においては、一般に、保険取引が他の取引に影響しないことを記載した書面を交付し、その内容を説明する措置がとられている。もっとも、その趣旨を全うし、適切な保険募集を行うという意味においては、形式的な書面交付、説明ではなく、個々の保険募集人による、顧客に不安を抱かせない

ようにするための取組みが重要である。

本ケースにおいても、この書面の交付がなされていない場合には、優越的地位の不当利用と評価されやすくなると考えられる。

なお、住宅ローンの申込みを受け付けている顧客に対しては、住宅関連火災保険、住宅関連債務返済支援保険または住宅関連信用生命保険の募集を行う際には、それらの保険契約の締結が住宅ローンの貸付条件ではない旨の説明を、書面の交付により行う必要がある（保険監督指針Ⅱ－3－3－9－6）。

### 3 実務上の対応

優越的地位の不当利用があったからといって、直ちに当該契約の効力が否定されることにはならない。しかし、損害賠償責任等を負う可能性があるため、やはり適切な事実確認が不可欠となる。そして、このようなケースでは、優越的地位の認定にあたって、これまでの取引状況等が重要になるため、保険販売部門、融資部門のほか、総務部門、システム部門、事務部門等との連携も必要になろう。

## (5) 他の取引への影響の説明

> **ケース**
>
> 住宅ローンを申し込んだ顧客に対し地域金融機関が融資を行うに際して、債権を担保するために購入する住宅につき火災保険に加入することを条件とする方針とした。窓口担当者は、顧客に説明を行う際、自行の窓販で扱っている特定保険会社の火災保険商品への加入を必須としたが、問題はあるのか。また、どの程度まで自らの金融機関の窓販で扱っている商品を勧めることが許されるのか。

### ◆ 解 説 ◆

銀行等は、保険募集を行うに際して、顧客に対し、あらかじめ、保険契約の締結等が当該銀行の顧客に対する業務に影響を与えない旨を説明した書面

を交付しなければならない（保険業法施行規則234条1項8号）。保険募集の適正を確保する趣旨である。

　この点、平成24年4月1日から施行・適用された改正において、自らの金融機関が窓販で取り扱っている住宅火災保険等の住宅ローン関連保険への加入は、当該住宅ローンの貸付の条件でない旨を顧客に対して書面（他の書面と同一の書面でさしつかえない。金融庁パブコメ回答31頁32番）によって説明することとされた（保険監督指針Ⅱ－3－3－9－6参照）。ただし、これは、金融機関が住宅ローン関連保険を契約することのみを、当該住宅ローンの貸付条件とすることまで妨げるものではない（金融庁パブコメ回答31頁34番）。

　なお、本ケースでは、上記(4)で扱った優越的地位の濫用の観点からも問題となりえる。融資に際して住宅ローン関連保険に加入することを条件とすること自体は優越的地位の濫用に該当しないが、自らが窓販で取り扱っている商品への加入を必須として説明した場合には、優越的地位の濫用に該当する可能性が生じる。同時に、保険業法で禁止されている圧力募集に該当する可能性が高いと思われる。

　以上の観点から本ケースを検討する。まず、本ケースからは明らかではないが、仮に窓口担当者が、自らが窓販で取り扱っている住宅火災保険等の住宅ローン関連保険への加入が住宅ローンの貸付の条件でない旨を顧客に対して書面で示していないとすれば、窓口担当者の募集行為には問題があるということになる。

　また、住宅ローンを申し込んだ顧客に対し購入する住宅につき火災保険に加入することを条件とすること自体は問題がないものの、本ケースでは、窓口担当者が、自らの金融機関の窓販で扱っている特定保険会社の火災保険商品への加入を必須として顧客に説明を行っていることから、保険募集における優越的地位の濫用と判断される可能性が高いであろう。

　自らの金融機関の窓販で扱っている商品をどの程度勧めることが許されるのかという点は悩ましいところである。住宅ローンを受けるに際して加入す

べき火災保険は自由に選択出来る旨を説明したうえで、取り扱っている火災保険商品を住宅ローン審査と関連付けることなく丁寧に説明することにより、自行の扱っている火災保険商品に納得して加入してもらうというのが王道であることは間違いない。

## (6) 預金との誤認防止

> **ケース**
>
> 「『定期預金が満期となりました』と金融機関から電話があり、『3年経過すれば利息がつき、元本も保証される良い商品があります』と勧誘されたので、支店に行き、預金と思って契約したが、2週間ほどして自宅に保険証券が届き、初めて一時払い終身保険とわかった」「保険を途中で解約すると、解約返戻金額が支払った保険料を下回る可能性があることなど聞いておらず、これを聞いていれば契約しなかった。支払った保険料を返還してほしい」との要求がなされた。

### ◆ 解 説 ◆

#### 1 預金等との誤認防止措置

銀行等が保険を販売する場合、顧客が預金等と保険を誤認することがないよう、情報提供を行う等適切な措置をとる必要がある（銀行法12条の2）。

銀行等は、保険会社が保険者となる保険契約を取り扱う場合には、業務の方法に応じて、顧客の知識、経験、財産状況および取引の目的を踏まえ、顧客に対し、書面の交付等により、預金との誤認を防止するための説明を行わなければならない（銀行法施行規則13条の5第1項）。この説明が求められる事項は、①預金等でないこと、②預金保険法3条に規定する保険金支払いの対象にならないこと、③元本の返済が保証されていないこと、④契約の主体、⑤その他預金等との誤認防止に関し参考となると認められる事項である（銀行法施行規則13条の5第2項等）。

また、銀行の営業店内において保険を取り扱う場合、特定の窓口で取り扱うとともに、預金等とは異なる商品であることを顧客の目につきやすいように窓口に掲示する必要がある（銀行法施行規則13条の5第3項）。
　平成24年4月1日施行の監督指針改正により、「募集にあたっての態勢整備について」において、「顧客に対し、預金等ではないことや預金保険の対象とならないこと等について書面を交付して説明するなど、保険契約と預金等との誤認を防止する態勢が整備されているか。誤認防止に係る説明を理解した旨を顧客から書面（確認書等）により確認し、その記録を残すことにより、事後に確認状況を検証出来る態勢が整備されているか」と規定された（中小・地域金融機関向けの総合的な監督指針Ⅲ－3－2－5－2(4)②。）。
　すなわち、金融機関が預金と保険の誤認を防止するための説明を書面等により行うだけでなく、顧客がこれを理解したことについて、書面による確認をしなければならないこととし、事後的に確認状況を検証出来る態勢整備を求めている。なお、上記書面については、他の同意書面に盛り込む方法も可能である（金融庁パブコメ回答32頁3番、37頁1番参照。）。
　保険会社においては、保険窓販用のパンフレットや銀行窓口のポスター等に、預金ではない旨を大きく明示するなどの対応がとられている。

2　預金との誤認についての苦情・相談

　以上述べたような、法令や実務上の対策が講じられてきているが、保険会社や生命保険協会等に寄せられる苦情や金融ADRの紛争として、預金との誤認を内容とするものは相当数存在する。実際、金融庁が公表した「銀行等による保険募集に関するモニタリング結果」（平成23年7月6日）によれば、弊害防止措置等に係る苦情・相談のうち、多くの割合を占めるのが、預金と保険の誤認であり、その割合は年度や苦情・相談の申立先によって異なるが、他の内容に比べて圧倒的に多い。
　裁判例においては「言った、言わない」の水掛け論となることも多いが、「預金と誤認した」「元本の返済が保証されると思った」などの主張は、パン

フレットの客観的記載等により認められていないのが一般的である。

3　実務上の対応

　本件においては、金融機関の職員からの電話での勧誘によって契約しているところ、金融機関の職員からの勧誘であると、顧客は預金と誤認しやすい。特に定期預金の満期を契機とする勧誘の場合、金融機関窓口で手続が行われることもあり、具体的な商品を伝え、保険であることを告げないと、定期預金と同様の「お得な預金商品」との先入観を与えやすいところである。

　また、金融機関での取引の場合、顧客は元本保証と誤解しやすいところである。仮に金融機関の職員が「元本保証」との説明を行った場合には、保険業法300条1項1号（保険契約者等に虚偽のことを告げ、契約条項の重要な事項を告げない行為）にも該当しうる。

　本ケースのように、保険会社から保険証券が届き、初めて保険契約と知ったとの苦情が実務上見受けられるところであり、金融のプロの目線でなく、一般消費者の目線に立ち、当初から預金でなく保険商品であることを明確に説明することが必要となる。

## 2　一部の生命保険商品に対する弊害防止措置

### (1)　保険募集制限先規制

> **ケース**
> 　A信用金庫は、地元で水産業を個人で営むBに対し資金の貸付を行っている。A信用金庫の担当者は、Bを契約者とする変額年金保険に勧誘した。Bは、資金貸付の停止等を懸念し、勧められるとおりに変額年金保険に加入した。

◆　解　説　◆

　一部の保険商品の募集については、「1　保険販売ルール全般」において

述べた規制に加え、以下のようにさらなる規制が加えられている。さらなる規制は、生命保険においては、定期保険、平準払終身保険、平準払養老保険（保険期間10年超）、貯蓄性生存保険（死亡保障部分の大きいもの）、医療・介護保険等が対象とされている。また、損害保険においては、自動車保険、団体火災保険、事業関連保険、団体傷害保険が対象とされている（なお、平成23年7月6日に公表された見直しにおいて、上記の一部の商品が対象から外された）。

さらなる規制の一つが、保険募集制限先規制（保険業法施行規則212条3項1号、212条の2第3項1号）である。銀行等は、原則として、次の者を保険契約者・被保険者とする保険契約の締結の代理・媒介により、手数料その他の報酬を得ることを行ってはならないとされ、実効性を確保するための措置を講じなければならないとされる。

① 銀行等が、法人等に対して、当該法人の事業に必要な資金の貸付を行っている場合における当該法人等

② 銀行等が、事業を行う個人に対して、当該事業に必要な資金の貸付を行っている場合における当該個人

③ 銀行等が、小規模事業者（従業員の数が50人以下の事業者）である個人または法人もしくはその代表者に対し、当該小規模事業者の事業に必要な資金の貸付を行っている場合における当該小規模事業者の従業員および当該法人の役員

①から③にいう「事業に必要な資金の貸付」には手形割引が含まれるが、貿易金融、事業保障、社債の引受け、コミットメントラインの設定等の与信業務は含まないと解されている。ただ、「事業に必要な資金の貸付」に該当するか否かの判断基準は必ずしも明確ではないことから、慎重な対応が求められる。

本ケースにおいては、A信用金庫がBに対し資金の貸付を行っていることから、当該資金の貸付が、「事業に必要な資金の貸付」に該当するのか否かを判断する必要がある。A信用金庫による貸付が、B個人に対する住宅ロー

ンなど事業に関係のない資金の貸付であれば、保険募集制限先規制には抵触しない。しかし、A信用金庫による貸付が、漁船や水産加工機器の購入資金といったBの水産業に必要な資金の貸付であれば、A信用金庫の担当者による変額年金保険の募集行為は、規制に抵触することになる。

## (2) 担当者の分離規制

> **ケース**
>
> A銀行は、保険窓販事業を始めるために、保険窓販を担当する部署を創設した。しかし、A銀行は小規模の銀行であるため、融資担当者と兼務せざるをえない状況にある。A銀行が窓販事業を行うためには、どのような態勢を整備する必要があるか。

### ◆ 解 説 ◆

#### 1 担当者分離規制

金融機関は、銀行業務として、事業性資金の融資に関する応接業務を行う者(融資担当者)が一定の保険商品(平成17年12月22日以降に解禁された保険商品。具体的には、住宅関連信用生命保険、貯蓄性生存保険、個人年金(法人契約を除く)、財形年金・財形保険等以外の全商品)の募集を行うことのないようにするための措置を講じなければならない(保険業法施行規則212条3項3号)。

その趣旨は、「1 保険販売ルール全般におけるケース」(4)で検討した優越的地位の不当利用を体制的に防止し、適切な保険募集を行う点にある。

ここでいう融資担当者は、具体的には、フロントラインで常態として融資に係る応接業務を行う融資担当者や渉外担当者を指すとされている[2]。ただし、単発融資が通常である個人ローン(住宅・教育ローン、アパートローン等)の担当者や融資業務を統括するだけの管理職、臨時的対応者は、融資担

---

2 日本生命『生命保険の法務と実務【改訂版】』533頁。

当者に含まれないとされている(平成17年7月7日金融庁パブコメ回答113番)。これは、優越的地位による弊害が生じるのは、継続的な関係性が前提にあるためであると解される。

本ケースにおいても、融資担当者がこれらの個人ローン等の担当でないのであれば、担当者分離規制に抵触するおそれがある。

### (3) タイミング規制

> **ケース**
>
> 地元の部品製造業者Bの役員Cは、A信用金庫に対し融資の申込みを行っている。その情報を伝え聞いたA信用金庫の窓販担当者Dは、Cを契約者とする変額年金保険に勧誘した。Cは融資が拒絶されることをおそれ、変額年金保険に加入した。

◆ 解 説 ◆

銀行等は、その役員または使用人が、顧客が当該銀行に対して融資の申込みを行っていることを知りながら、当該顧客またはその密接関係者に対し、保険契約の締結の代理または媒介を行ってはならない(保険業法施行規則234条1項10号)。融資の可否を決することが出来る銀行等の優越した地位を不当に利用して、融資とは異なる保険契約を締結させることを防止するのが上記のタイミング規制の趣旨である。

従前、一部の保険商品については、事業性・非事業性を問わず融資申込中の保険募集が禁止されていた。しかし、平成24年4月1日より、「事業に必要な資金」の融資申込中に限り保険募集を行ってはならないとされ(保険業法施行規則234条1項10号)、顧客の利便性確保の観点から規制が緩和された。規制緩和により、非事業性資金である住宅ローンやカードローンなどを申し込んでいる顧客はタイミング規制の対象に含まれないと解されることとなった。

また、銀行等の優越的な地位を不当に利用等するのを防止するのが規制の趣旨であるため、融資の申込後融資契約が成立すれば、規制の対象とならない。また、保険契約が成立した後に融資の申込みがなされた場合も原則として規制の対象とならない。

　なお、タイミング規制への該当判断に際しては、「知りながら」という主観的要素が要件となっている。そこで、顧客が融資申込みを行っている事実を担当者が「知らなかった」場合には、規制の対象とはならないこととなる。しかしながら、「知りながら」といえるのか否かの判断については必ずしも明確な基準が定められているわけではない。担当者が「知らなかった」ことを主張立証することには困難を伴う場合もあることから、銀行等は安易に「知らなかった」としてタイミング規制への抵触を否定することには慎重である必要もあるだろう。むしろ、タイミング規制違反の募集を行うことがないよう、内部における情報管理態勢等の整備が必要である（なお、この規制については、銀行等が協同組織金融機関である場合の特例が設けられている）。

　本ケースでは、A信用金庫の窓販担当者Dは、地元の部品製造業者Bの役員CがA信用金庫に対し融資の申込みを行っている旨の情報を伝え聞いたうえで、Cを契約者とする変額年金保険に勧誘したのであるというのであるから「知りながら」の要件は充足される。そこで、CがA信用金庫に申し込んでいた融資が事業性資金に該当すれば、Dによる変額年金保険への募集行為はタイミング規制に抵触することとなる。

## 3　地域金融機関特例・協同組織金融機関特例

### (1)　地域金融機関特例

　地域金融機関に対しては、融資先募集規制の対象となる保険商品の募集について、①担当者分離規制について代替措置を講ずること、および従業員20人を超え50人以下の融資先の従業員等に対する保険募集を可能とし、他方で

②融資先の従業員等（従業員数が50人を超える融資先の従業員等を含む）を保険契約者とする保険契約に係る保険金額を一定額以下とする特例があった。

　これに対し、平成24年4月1日より、上記地域金融機関特例を選択する場合についても、担当者分離規制を講ずるときであって、事業性資金の融資先の従業員数が50人を超える場合には、当該融資先の従業員等との関係で小口規制が適用されないこととされた（保険業法施行規則212条4項、212条の2第4項）。

### (2)　協同組織金融機関特例

　協同組織金融機関（信用金庫、労働金庫、信用協同組合および農業協同組合等）についても、保険業法施行規則212条5項、212条の2第5項により特例が定められている。

　協同組織金融機関が生命保険の募集を行う場合、当該協同組織金融機関又はその役員若しくは使用人が、

イ　当該銀行等が法人又はその代表者に対し当該法人の事業に必要な資金の貸付けを行っている場合における当該法人及びその代表者

ロ　当該銀行等が事業を行う個人に対し当該事業に必要な資金の貸付けを行っている場合における当該個人

ハ　当該銀行等が小規模事業者（常時使用する従業員の数が50人（当該銀行等が特例地域金融機関である場合にあっては、20人）以下の事業者をいう。）である個人又は法人若しくはその代表者に対し、当該小規模事業者の事業に必要な資金の貸付けを行っている場合における当該小規模事業者が常時使用する従業員及び当該法人の役員（代表者を除く。）

に該当する当該協同組織金融機関の会員又は組合員を保険契約者として第1項第6号に掲げる保険契約の締結の代理又は媒介を行う場合において、前項各号に掲げる保険については、それぞれ当該各号の区分に応じ、当該協同組織金融機関又はその役員若しくは使用人が締結の代理又は媒介をした保険契

約によって支払われるべき保険金その他の給付金の額の当該保険契約者１人当りの合計が、当該各号に定める金額を超えないこととする旨の定めを第２項第２号に規定する指針に記載しなければならない。

## 4 保険窓販にかかわる苦情・紛争

### (1) 保険窓販において発生する苦情・紛争

保険窓販に関する苦情・紛争の状況は、金融庁によるモニタリング（平成23年７月６日公表）や、生命保険協会の回答（平成23年５月27日、30日実施「銀行等による保険募集に関する関係者等からのヒアリング議事要旨」）等で明らかにされている。その概要・傾向は以下のように考えることが出来る。

まず、苦情・紛争の発生状況についてみると、保険窓販に関する苦情・相談件数は、チャネル全体のうち3.0％以下であるとされている（金融庁モニタリング）。一方、生命保険協会の回答によれば、生命保険協会に寄せられる紛争件数のうち、保険窓販に関するものは20％超を占める。両者の数字には開きがあるものの、苦情・相談件数と紛争件数というように、それぞれの前提、調査方法等が異なるため、これらを単純に比較することは出来ない。この数字からいえるとすれば、裁判外紛争解決機関である生命保険協会には、窓販に関する紛争が一定数以上申し立てられているということであろう。

では、それらの苦情、紛争は、どのような内容のものか。この点について、金融庁モニタリングは、苦情内容を①顧客情報の不当利用、②圧力販売、③預金との誤認、④その他の弊害防止措置等に分類しており、その中では、③預金との誤認が多くの割合を占めている。

他方、生命保険相談所に寄せられる苦情としては、「説明不十分」が比較的多く、平成20年度から平成24年度までの５年間、いずれも10％強を占めている。そして、金融機関代理店への苦情の中心も、「説明不十分」であることが指摘されている。このような分類は、金融庁モニタリングとは異なるも

のの、③預金との誤認も、募集時に、預金ではなく保険であるということについての説明が不十分になされていなかったことが原因であるという点では、「説明不十分」事案と同様に分類しうる。このような点からすれば、保険窓販も他のチャネルと同様に、「説明不十分」を原因とする苦情、紛争につながりやすいとみることも出来るかもしれない。

また、一般に、保険窓販による契約者の年齢層は高い。これは、保険窓販における主力商品が保障性よりは貯蓄性のものが多いことによる。このような顧客特性から、保険窓販における紛争は、高齢者から申し立てられることが多いと指摘されている（国民生活センター・平成21年7月22日「個人年金保険の銀行窓口販売に関するトラブル―高齢者を中心に相談が倍増―」、平成24年4月19日「銀行窓口で勧誘された一時払い終身保険に関するトラブル―高齢者への不適切な勧誘が急増中―」）。近時、証券販売等においても、高齢者への販売態勢が話題になっているが、保険募集においても、各関係者が、このような現状を認識し、適切な態勢を整える必要がある。

以下では、このような苦情・紛争の実状を踏まえ、想定されるケースに基づいて、争いになりやすい論点を検討する。

## (2) 高齢者、認知症と疑われる者との契約

> **ケース1**
>
> 老人ホームで生活している80歳代のAは、銀行員の訪問を受け、勧められるまま一時払い終身保険に加入した。Aは、投資経験等がないうえに、判断力も著しく低下しており、この保険への加入すら覚えていない。銀行に問い合わせると、現在解約すると、解約返戻金は既払込保険料を下回ると説明された。Aの息子Bは、この保険契約をなかったことにして、払い込んだ保険料を返してほしいと主張している。

◆ 解　説 ◆

1　意思能力

　ケース1の主張は、契約者が契約当時、意思能力に欠けており、契約は無効であるとして、既払込保険料の返還を求めるものである。なお、ケースによっては、制限行為能力者（成年被後見人）であるとして、意思表示の取消し（民法9条）を主張されることも考えられるが、成年被後見人については、「後見登記制度」という公示制度が存在することから、成年被後見人であるか否かの確認が可能である。

　民法に明文の規定はないが、意思能力（一定の法律効果を求める意思表示を有効に行うことの出来る能力）を欠く者による意思表示は無効とされている。

2　ケース1の検討

　ケース1では、契約者が80歳代であり、その判断能力が著しく低下していたということであり、また保険の加入すら覚えていないということであるから、意思無能力であった可能性がある。また、そうでないとしても、行為能力が制限される状況に合ったとも考えられる。

　意思無能力であったり、行為無能力であったりする場合、当該保険契約が無効となり、保険契約者側の詐欺により無効となるような場合ではないため、既払の保険料の返還が必要となる。

　また、本ケースにおいて、契約者は銀行員の訪問を受け、勧められるまま一時払い終身保険に加入し、保険への加入すら覚えていないとのことである。高齢者のなかには聴力や視力が減退している顧客も多く、契約内容の理解に支障を来たすこともあるから、十分な理解を得られるような説明を行い、説明によっても理解が得られない場合には適合性の有無等についても慎重に検討する必要がある。本ケースにおいても、狭義の適合性原則に反するおそれがある。

3　販売上の注意

　ケース1のような取引は、後に紛争となりやすく、また高齢者取引につい

ての紛争は、保険契約締結時と紛争発生時とに時間の開きがあり、その間に判断能力が著しく減退し、紛争発生時において、過去の保険契約締結時における高齢者の意思能力や行為能力の判断に困難を来たすケースもある（ケースによっては、紛争発生時は成年後見が開始し、または本人が死亡しており、成年後見人や相続人との係争となることもあり、この場合には顧客本人の反対尋問による弾劾が出来ないこととなる）ことに留意が必要である。

高齢者との取引にあたっては、当該顧客の発言、行動等を観察し、当該顧客の意思能力、行為能力に十分注意する必要がある。その基準を一義的に設けることは難しいが、販売員向けにチェックリストや具体例等を作成し、それに基づいて判断することも有効であろう。

また、高齢者取引に関する紛争は、当該顧客からではなく、家族、相続人等からの申立てによることが多い。そのため、出来る限り、家族等の同席を求め、家族等との面談も行うことが重要である。

金融実務、保険実務においては、一定の高齢顧客との取引にあたっては、複数の販売員で対応したり、顧客の家族の同伴、同席を求めたりする対応がとられている。これは、契約時の状況、やり取り等について、複数名の視点、記憶が関与することによって、「言った、言わない」を原因とする紛争を予防し、仮に紛争となった場合にも、早期の解決を容易にすることを目的とした対応措置といえる。この対応措置をより実効性のあるものにするためには、その場におけるやり取りについて、各人が確認したことを証する書面を作成すること等が考えられる。また、当該書面には、契約の内容自体とは関係のない、当日の顧客の服装等外観、天候などを記載することにより、当該書面の証拠価値を高めることに期待しうるところであり、これを実践している金融機関も多く存在する。

4　保険監督指針の改訂

近年、日本証券業協会において「高齢顧客への勧誘による販売に係るガイドライン」を策定・公表し、高齢者向け勧誘ルールが厳格化する動きにある

ところ、保険監督指針の改正案Ⅱ-4-5-1-1「顧客保護を図るための留意点」(4)において、高齢者に対する保険募集の着眼点が追加さてれいる。

> 　高齢者に対する保険募集は、適切かつ十分な説明を行うことが重要であることにかんがみ、社内規制等に高齢者の定義を規定するとともに、高齢者や商品の特性等を勘案したうえで、きめ細やかな取組みやトラブルの未然防止・早期発見に資する取組みを含めた保険募集方法を具体的に定め、実行しているか。その際の取組みとしては、例えば、以下のような方策を行うなどの適切な取組みがなされているか。
> ①　保険募集時に親族等の同席を求める方法。
> ②　保険募集時に複数の保険募集人による保険募集を行う方法。
> ③　保険契約の申込みの検討に必要な時間的余裕を確保するため、複数回の保険募集機会を設ける方法。
> ④　保険募集を行った者以外の者が保険契約申込の受付後に高齢者へ電話等を行うことにより、高齢者の意向に沿った商品内容等であることを確認する方法。
> 　また、高齢者や商品の特性等を勘案したうえで保険募集内容の記録（録音・報告書への記録等）・保存や契約締結後に契約内容に係るフォローアップを行うといった適切な取組みがなされているか。
> 　これらの高齢者に対する保険募集に係る取組みについて、取組みの適切性等の検証等を行っているか。

今後、上記監督指針案を前提として、高齢者保護の観点から保険募集態勢を構築する必要がある。

### ケース2

　AはB信用金庫の窓販でAを被保険者とする傷害保険に加入した。加入して数年後に、Aの息子Cから、「Aは3年前から認知症であり

> 自分で意思確認出来ないにもかかわらず、保険に加入したのはおかしい。自分で意思確認が出来ないのであるから契約は無効なのではないか。払い込んだ保険料を返せ。誠意ある回答がなければ訴訟も辞さない」との申し出がなされた。

◆ 解 説 ◆

　近年、高齢者に対する募集に関するトラブルとともに、契約者が認知症罹患者である場合のトラブルが発生している。認知症罹患者が高齢者であることは多いが、若年者の認知症罹患者も存在することには注意をしておく必要がある。

　保険契約の申込者が認知症に罹患していたとしても、認知症の程度が軽度であり取引行為を行う判断力に欠けるところはなく、契約内容を十分に理解することが出来る状態で自ら納得して保険契約を締結したのであれば、保険契約は成立する（もちろん、申込者が成年被後見人等の制限行為能力者に該当した場合、加入申込みの意思表示は取消しの対象となる）。保険契約が成立した以上、被保険者に対する補償は提供されることになる。保険契約者や被保険者が認知症に罹患していたとしても、保険による補償は提供されるのであり、認知症罹患者が急激・外来・偶然の事故により傷害を負った場合には保険金が支払われることになる。

　それでは、ケース２のような申し出があった際には、どのように対処すればよいのであろうか。

　募集を行っている窓販担当者・代理店担当者・保険会社担当者等が、募集の相手方が認知症に罹患した患者であることを偶然知っていた場合や、会話が不自然にかみ合わないなど認知症罹患の疑いを感じた場合には、契約締結を留保し、相手方本人の同意のもとで家族に連絡等を行い、家族の立ち会いのもとで契約を締結する等の工夫を行うべきところであろう。

　しかし、募集担当者が募集の相手方の認知症罹患を知らず、認知症の程度

が軽度な場合、募集担当者が相手方の認知症罹患を疑うのは困難であろう。このような場合、通常の募集行為と同様に募集を行ってしまうことはやむをえないところである。ここでは、保険募集の過程に不自然さがなく、募集におけるやり取りが適切になされていたのであれば、保険契約は有効に成立したと考えることになるだろう。ただし、後にケース2のようなクレームが家族等から申し立てられる可能性があることから、適切な募集行為を行った事実と募集対象者がきちんと受け答えを行っていた事実を推認させるために、募集においては丁寧な説明を心がけるとともに重要事項説明等の必要書類はきちんと取り付けるなど、募集のプロセスを欠かさないことが最低限であるが重要となるであろう。

　このように保険募集時には認知症であることがわからなかった場合や保険募集時には健常者であったが保険契約締結後に認知症に罹患した場合であっても、ケース2のように、家族が認知症であることを理由に保険料の返還を申し立てることもある。しかし、保険会社は申立てがあるまで認知症に罹患していることを知ることが出来ないうえに、その間は補償を提供していたのであるから、申立てまでの保険料返還に応じる必要はない。

　ただ、家族から契約の解約要請がなされた場合には、応じる余地が生じるであろう。

### (3) 説明義務違反

> **ケース**
>
> 　Aは、金融機関窓口で、職員から一時払い終身保険を紹介され、一時払保険料2000万円を支払って加入した。しかし、後日、Aは、金融機関に対し、この保険を途中で解約した場合、解約返戻金額が、それまでに払い込んだ保険料総額を下回ることがあることを聞いていなかったと申し出た。
> 　また、金融機関にクーリング・オフを申し出たところ、「すでに

> クーリング・オフ期間を過ぎているので、クーリング・オフは出来ません」との回答であった。Aは、契約時には、書類を渡されただけで、クーリング・オフについての説明は受けていなかった。

### ◆ 解 説 ◆

#### 1 説明義務に関する法規制

説明義務に関連しては、下記のような法規制がある。

(1) 保険業法

保険業法300条1項1号において、保険契約者または被保険者に対して虚偽のことを告げ、または保険契約の契約条項のうち重要な事項を告げない行為が保険募集時の禁止行為とされている。

これは、保険商品の仕組は複雑かつ多様化しているところ、保険会社と顧客との間には情報の格差が存在するため、保険募集のうえで、重要事項の情報を提供することは、顧客が自らのニーズに合った商品を選択するうえできわめて重要であるためである。虚偽告知に加え、「重要な事項を告げない行為」という不作為も、保険契約者の判断を誤らせる行為であるため、禁止されている。

「保険契約の契約条項のうち重要な事項」とは、保険契約者が保険契約の締結の際に合理的な判断をなすために必要とする事項であり、保険監督指針において、販売・勧誘時に顧客に説明すべき「重要事項」について、顧客が保険商品の内容を理解するために必要な情報を「契約概要」、保険会社が顧客に対して注意喚起すべき情報を「注意喚起情報」と分類し、書面により顧客に送付することとされ、それぞれに記載すべき事項の枠組みや、記載・説明方法について明らかにされている（保険監督指針Ⅱ－3－3－2(2)②）。

保険業法300条1項1号の違反をした者は、1年以下の懲役もしくは100万円以下の罰金に処せられ、または併科される。そして所属している保険会社も100万円以下の罰金に処せられる。さらに、生命保険募集人としての登録

の取消しや業務停止命令、業務改善命令等の行政処分の対象となる。
(2) 消費者契約法
　消費者契約法4条1項1号の「重要事項について事実と異なることを告げること」に該当し、当該告げられた内容が事実との誤認をし、それによって消費者契約の申込みまたは承諾の意思表示をしたとき、保険契約が取り消されることもある。

2　クーリング・オフについての説明
　保険業法施行令の一部改正により、平成19年6月から金融機関における窓販にて契約した一時払い終身保険の大半は、契約申込日を含めて8日間はクーリング・オフが可能である（窓販の一時払い終身保険については、保険業法上のクーリング・オフの適用がない場合にも、保険会社が自主的にクーリング・オフの制度を設けているケースが多い）。
　クーリング・オフ制度は、保険業法300条1項1号でいう重要事項の内容である注意喚起情報の記載項目であり、保険募集時に十分説明しなければならない事項であり、保険業法施行規則240条3項では、消費者が確実に理解可能な方法によりクーリング・オフの内容が記載された書面を交付するよう義務付けており、クーリング・オフの説明も行う必要がある（クーリング・オフの申出先は保険会社である）。

3　実務上の対応
　一時払い終身保険については、平成17年12月に窓販が解禁されたが、保険契約時に保険料全額を支払う保険商品であり、経過年数によって解約返戻金や死亡保険金が増加していき、死亡保障と貯蓄性双方を併せ持つものである。よって、「預金より利回りの良い商品」と説明したり、顧客が「3年経過すれば利息がつき、しかも元本保証」と誤解しがちであるが、実際には、定期預金のように元本保証の商品ではなく、中途解約を行った場合、経過年数次第では、中途解約時の解約返戻金が既払込保険料を下回る商品である。保険を途中で解約した場合、解約返戻金額が、それまでに払い込んだ保険料

総額を下回ることがあることを説明していなかった場合のほか、説明はしたが、保険契約者の被る不利益の程度について説明していなかった事例もあり、消費者（特に高齢者）が預金と誤認したまま契約を締結し、自宅に保険商品が届いて初めて保険と知るケースがあり、また保険契約の締結を望んでいなかったり、契約内容を十分理解する能力がない顧客に販売を行うなど、適合性の観点から問題があるケースもある。

「3年経過すれば利息がつき、しかも元本保証」などと説明すると、保険業法300条1項1号の虚偽告知に該当するし、保険を途中で解約した場合、解約返戻金額が、それまでに払い込んだ保険料総額を下回ることがあることを説明していなかった場合のほか、説明はしたが、保険契約者の被る不利益の程度について説明していなかった事例についても、保険業法300条1項2号の重要な事項を告げない行為に該当しうる。

なお、保険会社は保険の申込みを受けるにあたって、契約概要、注意喚起情報の提供が義務付けられているところであり、販売の際には十分な説明をし、説明を行った際には、理解のうえ契約したことについて、消費者が署名捺印した申込書をもらうべきである。

また、本ケースでは、クーリング・オフ制度について説明を行っていないが、この点についても保険募集時に十分説明しなければならない。

### (4) 適合性原則

#### ケース1

信用金庫の担当者Aは、従前から取引のあった顧客Bに変額年金保険を勧めるにあたり、Bに総資産額を確認したが、資産の金額はセンシティブな情報で聞きづらいという意識があり、「1億円あるかないか」という程度のあいまいな確認しかしていなかった。Aは、「億まではない」というBの言葉を受けて、8000万円程度ではないかと考え、それをもとに保障内容を設計し、Bも、Aが自分の資産に合わせ

て設計されているのだろうと考え、その内容をあまり確認せずに契約した。しかし、実際には、Bの資産は、3000万円程度であった。

## ◆ 解 説 ◆

### 1 適合性原則

　保険契約のうち、投資性の強い特定保険契約（変額保険、変額年金保険、外貨建保険等）には、適合性原則の規制が準用される（保険業法300条の2・金商法40条）。適合性原則とは、金融商品の取引にあたり、顧客の知識、経験、財産の状況、および契約を締結する目的に照らし、不適当な勧誘を行ってはならないとする原則である。

　金融機関は、このような適合性原則に従った保険募集を行う必要があるところ、保険募集にあたって、顧客の知識や経験、財産状況等を確認する必要がある。その確認手段として、保険監督指針Ⅱ－3－5－1－3(1)は、以下の情報を収集することを求めている。

① 　生年月日
② 　職業
③ 　資産、収入等の財産の状況
④ 　過去の金融商品取引契約の締結、その他投資性金融商品購入の経験の有無およびその種類
⑤ 　すでに締結されている金融商品の満期金または解約返戻金を保険料に充当する場合は、当該金融商品の種類
⑥ 　契約締結の動機、目的、その他顧客ニーズに関する情報

　これらの確認が不十分な場合には、適合性原則に反した保険募集として評価されることになる。その結果として、直ちに、当該保険契約の有効性が否定されるわけではない。もっとも、申込みの意思表示の瑕疵を根拠付ける一事由になりえると考えられる。

## 2　確認の程度

どの程度の確認を行えば、適合性原則に従った募集と評価されるかについては、一義的な基準を示すことは出来ない。それは、相手方の知識、経験からくる理解度、年齢、資産状況等に基づくリスク許容度等によって異なるのであって、個別に判断せざるえない。結局は、顧客のリスク許容度を質的・量的に判断出来る情報を得られているか、という観点から検討することになろう。

そして、リスク許容度を判断するうえでは、総資産額がきわめて重要な情報であるといえ、具体的で正確な数字の情報を得る必要性が高い。その点で、ケース1のように、資産状況についてあいまいな確認のまま行った保険募集は、適合性原則に反した募集であるといえる。他人の資産状況を根掘り葉掘り聞くことには、多少のためらいを感じることも少なくないが、それが顧客の意向に沿った契約内容とするために重要な情報であることを意識し、金融機関には、正確な情報の確認を怠らないようにすることが求められる。

## 3　狭義の適合性原則

適合性原則は、一般に、広義・狭義の二つに整理される。

広義での意義は、上述した意義である。他方、狭義の適合性原則とは、たとえば、認知症等により、金融取引に伴うリスクを理解出来ない顧客に対しては、いかに説明を尽くしたとしても、金融商品の勧誘、販売自体が許されないとするものである。

この狭義の適合性原則は、金融機関の説明にかかわらず、保険募集が許されないという強い効果を有するものであるため、金融機関としては、資産状況に加え、顧客の理解力等にも注意して保険募集を行わなければならない。

## 4　実務上の対応

適合性原則が争点となるケースにおいては、顧客のリスク許容度の確認が重要となる。その要素としては、顧客の年齢、職業等のほか、資産状況、これまでの投資経験等があげられる。このような要素の中には、プライベート

性が強く、聞きづらいこともあるということを念頭に置き、募集時に、顧客とどのようなやり取りがあったのかを詳細に調査することが求められる。

> **ケース2**
> 信用金庫の担当者は、従前から取引のあった高齢者に一時払い終身保険を勧めるにあたり、信用金庫の担当者と家族を混同していたり、かつての居住地である他県に住んでいる言動をしたりと、その判断能力に疑問を感じた。しかし、これまで長期に取引があり、投資経験もあったため、家族等への確認をしないまま手続を進めた。

◆　解　説　◆

1　適合性の原則

　ケース1のとおり、変額保険等の特定保険契約については、適合性原則が適用されるところ（保険業法300条の2・金融商品取引法40条）、それ以外の保険契約についても、銀行等としては、銀行窓販契約の締結にあたり、顧客の知識・経験・財産の状況および当該保険契約を締結する目的に照らして、不適当と認められる勧誘を行い、顧客の保護に欠けることにならないよう留意する必要がある。

　ケース2は、適合性の原則の中でも、狭義の適合性原則、すなわち、たとえば、認知症等により、金融取引に伴うリスクを理解出来ない顧客に対しては、いかに説明を尽くしたとしても、金融商品の勧誘、販売自体が許されないとする原則が問題となる。

　この狭義の適合性原則は、金融機関の説明にかかわらず、保険募集が許されないという強い効果を有するものであるため、金融機関としては、資産状況に加え、顧客の理解力等にも注意して保険募集を行わなければならない。

2　実務上の対応

　ケース2では、当該顧客が信用金庫の担当者と家族を混同していたり、かつて住んでいた他県に住んでいる言動をしたりするなど、その理解力が著し

く低下しており、そのことが客観的に認識しえたケースである。

それまで投資経験や取引があったとしても、特に一時払い終身保険のように高齢者にとって理解が困難な商品については、説明すること自体が必ずしも解決策にならず、当該顧客に理解力があるか、確認措置を講じる必要がある。

また、これまで行われてきた理解力の確認が形式的になっていないか、再度確認する必要がある。

## 5　保険窓販にかかわる苦情・紛争の分析

### (1) 預金と保険との誤認

金融庁モニタリングによれば、弊害防止措置等に係る苦情・相談のうち、多くの割合を占めるのは、預金と保険との誤認である（ここでは、①顧客情報の不当利用、②圧力販売、③預金との誤認、④その他の弊害防止措置等に区分されている）。その割合は、年度や苦情・相談の申立先によって異なるが、他の内容に比べて圧倒的に多い。商品別にみた場合には、変額年金保険に関する苦情・相談が多く、年度や苦情・相談の窓口ごとに異なるものの、おおむね半数程度を変額年金保険に関するものが占めている。

保険会社が金融機関の窓販用に作成するパンフレット等の販売資料には、「この商品は、金融機関の預（貯）金ではありません」旨の文言が、比較的大きく印字されていると思われるが、印字のみでなく、口頭での説明においても、この点をさらに注意喚起するような話法が求められる。

### (2) 説明不十分（説明義務違反・広義の適合性原則）

説明不十分（説明義務違反）は、広義の適合性原則違反ともいえる。

金融庁モニタリングの統計は、あくまで保険業法上の弊害防止措置に焦点を当てたものであり、たとえば、契約時における説明不十分や適合性原則違

反等に係るものは含まれていない。

　平成24年度相談所リポートによれば、銀行等を含む代理店における説明不十分を内容とする苦情は、説明不十分を内容とする苦情全体の30％弱を占めている。そして、184件（平成21年度：177件、平成22年度：204件、平成23年度：228件）発生している金融機関代理店による募集に関する苦情の内容は、「説明不十分」が中心であるとされている。このように、窓販においても、募集の際の顧客への説明は、大きな課題である。

　ここでいう説明不十分をめぐる苦情としては、たとえば、以下のようなケースが考えられるだろう。

①　高齢の預金者が、変額年金保険の内容を理解しないまま、預金であると誤認しながら契約したケース

②　変額年金保険の契約時に、元本保証があると誤った説明がされたケース

そして、このようなケースの発生の防止策を検討するにあたっては、銀行窓販の特性を考慮する必要があるところ、一般に、銀行窓販における顧客の主な特性として、以下のような点があげられている。

(ⅰ)　顧客が高齢であること

(ⅱ)　顧客の資産状況が比較的多いこと

(ⅲ)　顧客の銀行に対する信用度が高いこと

(ⅳ)　顧客が金融機関で多様な金融商品を購入出来ることを知らないこと

　上記(ⅱ)などは顧客がリスクをとっても契約を決意したことの根拠となるが、(ⅰ)(ⅲ)は上記の消極的根拠となる。

　このような点に配慮しつつ、たとえば、契約締結時の状況の透明性確保のため、当該顧客の家族等の同席を推奨したり、募集する銀行等の職員も、複数で対応したりすることなどが考えられるであろう。また、前記(ⅲ)の信頼に乗じて高齢者との取引を行ったのでないことの立証のために、説明に関して顧客が理解したことを確認する質問や会話を録音することも考えられる。

## (3) 適合性原則

また、金融機関における窓販の特性から導かれる他の留意点として、適合性原則への配慮もあげられる。先述したように、変額保険等の特定保険契約については、適合性原則が適用される（保険業法300条の2・金融商品取引法40条）。したがって、金融機関としては、窓販での保険契約の締結にあたり、顧客の知識・経験・財産の状況および当該保険契約を締結する目的に照らして、不適当と認められる勧誘を行い、顧客の保護に欠けることにならないよう留意する必要がある。また、顧客の理解能力次第では、保険の勧誘自体を行えない場合もある（狭義の適合性原則）。

保険窓販をめぐる紛争において、この点が争点となることも少なくない。そのようなケースとして、具体的には、以下のようなものが考えられる。

① 顧客の資産状況を把握する方法が不十分・不適切であったケース
② 顧客の理解力が著しく低下しており、そのことが客観的に認識しえたにもかかわらず、特段の確認措置を講じなかったケース

なお、金融機関における保険窓販に関するものではないが、高齢者に対する適合性原則違反が争点となった裁判例として、高齢者（当時79歳の女性）に対して投資信託に係る受益証券を売主の代理人として販売した銀行の担当者に、適合性原則違反および説明義務違反があり、買主に取引を勧誘して契約を締結させた違法性があると判断された事例（大阪地判平成22年8月26日【控訴】、金法1907号101頁）、証券会社の従業員が、理解が容易でなくリスク性の高い投資信託の取引について適性が低い高齢者（大正14年生まれの男性）に対して、十分な説明をすることなく、当該投資信託の購入を勧誘したとして、当該勧誘行為を不法行為法上違法とし、使用者である証券会社の顧客に対する損害賠償責任を認めた裁判例（東京地判平成23年2月28日【確定】、金法1920号108頁）などがある。

### (4) 実務上の改善策

　先述のように、保険窓販をめぐる苦情・紛争の原因としては、特に、説明不十分が多く、銀行窓販独自の販売ルールに関する苦情・紛争は、比較的少ないといえる。そのため、改善が必要なのは、銀行窓販独自の販売ルールというよりも、一般的な金融商品の販売ルール、さらにいえば、当該保険商品の内容の正確な説明を徹底する方法であると考えられる。

　各保険会社においては、自社の営業員に対する教育制度を準備し、このような説明不十分を原因とする苦情・紛争の防止に努めているものと思われる。窓販を取り扱う金融機関においても、このような教育制度を自社職員への教育に使用することが考えられるが、窓販募集時における損害賠償責任が保険会社にも存することからすれば（保険業法283条）、保険会社から金融機関に対して、さらに教育を徹底するよう求め、その状況を確認出来る実務の構築が必要であるように思われる。

　金融機関における窓販は、金融商品の比較という点で消費者の利便性を高めるというメリットがある一方で、これまで示したようなトラブルも発生している状況にある。このようなトラブルを防止することが出来れば、さらなる緩和策によって、消費者の利便性をより高めることも出来ると思われる。保険会社、金融機関としては、このような状況を認識し、それへの対応を整備することで、消費者が安心して利用出来る窓販制度を構築することが求められている。

## 6　保険に関する紛争解決にかかわる諸機関

　保険に関する個別紛争解決に関係する諸機関としては、保険会社（お客様相談室）、金融庁（金融サービス利用者相談室等）、生命保険相談所、そんぽADRセンター（損害保険紛争解決センター）、裁判所（調停、少額訴訟、訴訟）、

消費者センター、適格消費者団体等があげられる。

　ここでは、保険に関する個別紛争において特徴的な外部機関による紛争解決（金融庁、および、生損保ADR）について解説する。

## (1) 金融庁（金融サービス利用者相談室）

　金融サービス利用者への情報提供として、相談等の受付実績、よくある相談についてのQ&A等が3カ月ごとに金融庁HPで公表されている。金融庁による相談については、「利用者の皆様と金融機関との間の個別トラブルにつきましては、お話を伺ったうえで、他機関の紹介や論点の整理などのアドバイスは行いますが、あっせん・仲介・調停を行うことはできませんので、あらかじめご了承ください。ご質問・ご相談への回答はすべて電話で致します。メールや文書での回答は行いませんので、あらかじめご了承ください」とされる。

## (2) 金融ADRによる個別紛争の解決

### ❶ 生命保険ADRの仕組みと法的背景

　生命保険相談所は、生命保険に関するさまざまな相談や苦情、照会を受け付ける窓口として機能している。また、全国に53カ所の連絡所を設置し相談に応じている。

　生命保険相談所では、申し出のあった苦情につき契約者等の疑問や悩みを整理し解決に向けたアドバイスを行うが、相談所において苦情が解決出来ない場合には、生命保険会社に対し、苦情の解決依頼や和解あっせんなどが行われることとなる。

　生命保険相談所や連絡所が苦情を受け付けた後、生命保険会社と契約者等との間で十分に話合いがなされてもなお苦情の解決に至らない場合には、中立・公正な立場から裁定（紛争解決支援）を行う「裁定審査会」にて、苦情解決を図ることが可能である。

生保ADRにおける苦情解決手続の概要は以下のとおりである。
ア　生命保険協会・生命保険相談所・裁定審査会の概要

　生命保険業界においては、ADR法に基づく指定紛争解決機関として、生命保険協会が存在する。生命保険協会は、ADR法に基づく指定紛争解決機関としての指定を平成22年9月に取得し、同年10月1日から生命保険業務に関する苦情解決手続および紛争解決手続を行っているが、それ以前も、私的ADRとして対応していた経緯がある。

　なお、金融庁から指定紛争解決機関としての指定を受けているのは生命保険協会であるが、生命保険紛争解決を担っているのは、その中にある生命保険相談所であり、さらに紛争解決手続を担う機関として裁定審査会が設定されている。この機関は、保険会社と顧客との間において、公平・中立な立場から和解あっせん等を行うことを目的として設置されたものである。

　この裁定審査会は、金融・保険に関する知識・実務経験を有する弁護士、消費生活相談員、生命保険相談所職員の3者で構成されており、これにより、紛争解決の公平性、中立性の確保を図っている。

　また、裁定審査会による紛争解決の特長として、申立人が無料で利用することが出来（ただし、通信費、交通費等の手続費用は利用者の負担）、申立てから結論までの期間も訴訟等の法的手続に比べて短いことがあげられる。なお、裁定審査会の手続は非公開で行われる。

イ　紛争解決手続の概要

　生命保険協会内に設置されている生命保険相談所は、生命保険に関する相談・苦情の受付を行っている。生命保険相談所は、苦情の申し出があった場合に、①生命保険の仕組みや約款の内容等の説明、②申出人が保険会社と交渉するためのアドバイスや保険会社の相談窓口の紹介などを行っている。

　申出人から苦情解決依頼を受けた場合には、生命保険会社にその旨が報告され、生命保険会社は、苦情解決に向けた対応をとることになる。その対応状況は、生命保険会社から生命保険相談所に報告され、未解決のまま解決依

頼から1カ月が経過した場合には、申出人は、裁定審査会への申立てをすることが出来る。

　裁定審査会に対して申立てがあった場合、裁定審査会は、その申立内容が適格性を備えているかを審査し、受理・不受理の決定をすることになる。申立内容の適格審査では、その申立てが生命保険契約等に関するものであるか、申立人が生命保険契約等契約上の権利を有すると認められるか、他の指定紛争解決機関においては審理継続中または審査が終了したものでないか等の事項への該当性が判断されることになる。

#### ウ　生命保険ADRの実務

　裁定審査会に対する裁定の申立てが受理された場合、保険会社は、裁定申立書に対する答弁書を作成し、裁定審査会に提出することになる。この答弁書作成にあたり、保険募集時の説明状況等についての調査が不可欠となる。そして、迅速な紛争解決というADRの趣旨から、この答弁書提出までの期間は、訴訟に比べて短く設定されることが多い。そのため、保険募集を行った代理店も、保険会社から急な調査を依頼されることも多いであろう。

　その後の手続は、訴訟手続とそれほど異ならない点も多く、主張書面でのやり取り（もっとも、訴訟手続と異なり、初回に提出する答弁書がきわめて重要な意味を持つ）のほかに、保険募集人等、関係者の事情聴取が行われることも少なくない。

　このような手続を経たうえで、裁定手続は終了することになるが、その終了事由としては、以下の7点が定められている。

① 　申立内容を認める理由がない場合
② 　裁定不開始の通知をした場合
③ 　裁定打ち切りの通知をした場合
④ 　申立人から裁定申立取下書が提出され、その旨を相手方に通知した場合
⑤ 　当事者双方が裁定書による和解案を受諾した場合

⑥　裁定審議会に和解契約書の提出があった場合
⑦　業務規程に定める理由により、当事者が裁定書を受諾しなかった場合

このうち、⑤和解勧告は、裁定審査会が和解を相当とする事案と考えた場合に、裁定書によってなされるものであるが、保険会社には、原則としてそれを受諾する義務がある。保険会社が和解勧告を受諾しないことが出来るのは、申立人が和解案を受諾したことを知った日から1カ月以内に訴訟を提起すること等の場合に限られている。

また、③裁定打ち切りは、裁定の申立て内容につき、判断を示さずに裁定手続を終了させるものである。その理由としては、申立内容に虚偽が認められる場合のほか、裁定を行うのが適当でない事情が認められるときとされている。

## ❷　そんぽADRの仕組みと法的背景

### ア　そんぽADRの概要

ADRとは、裁判外紛争解決手続（Alternative Dispute Resolution）の略称で、訴訟に代わる、あっせん・調停・仲裁などの当事者双方の合意に基づく紛争解決方法であり、一般的に、事案の性質や当事者の事情等に応じた迅速・簡便・柔軟な解決が可能とされている。損害保険においては、保険業法に基づく指定紛争解決機関（2009年6月24日に公布された「金融商品取引法等の一部を改正する法律」により改正された金融関連の各業法（銀行法・保険業法など）に基づく裁判外紛争解決機関。銀行・保険・証券等の業態ごとに、一定の要件を満たした場合に主務大臣から指定紛争解決機関としての指定を受けることが出来る。）として国の指定を受けた、そんぽADRセンター（損害保険紛争解決サポートセンター）が、損害保険全般に関する苦情や紛争解決の申立てを受け、中立・公正な立場から問題解決の助力を行う。指定紛争解決機関と保険会社は、苦情および紛争解決手続の応諾義務、事情説明・資料提出義務、提示された特別調停案の受諾義務などの内容を含む契約（手続実施基本契約）を締結する。この契約締結により、指定紛争解決機関が実施する苦情解決手

続や紛争解決手続の実効性が確保されることとなる（指定紛争解決機関による紛争解決手続には、時効の中断などの法的効果が付与される）。

そんぽADRセンターが受け付けることの出来る苦情や紛争解決の申立ては、協会と手続実施基本契約を締結した保険会社に関連するものに限られる。紛争解決にあたる紛争解決委員は、そんぽADRセンターが委嘱する弁護士、消費生活相談員、学識経験者等の中から、申立て内容に関して専門的な知識・経験を有する者が選任される。苦情解決手続および紛争解決手続にかかる費用は、通信費や意見聴取に出席する場合の交通費、書類の取得費用等を除いて、原則として無料である。

イ　そんぽADRセンターによる苦情・紛争解決機能

損保協会が設置した「そんぽADRセンター」の対応業務には、「相談」、「苦情解決」、「紛争解決」の３つがある。このうち、「苦情解決」、および、「紛争解決」については、「そんぽADRセンター」が「保険業法に基づく指定紛争解決機関」として、損保協会と損害保険会社の間で締結した「指定紛争解決機関に関する手続実施基本契約」に基づき、「苦情解決手続」を実施し、また、「紛争解決手続」を実施することになる。

ウ　そんぽADRセンターの業務

そんぽADRセンターの業務は、①相談対応、②苦情解決手続、③紛争解決手続に分けられる。

① 相談対応は、専門の相談員が、損害保険全般に関する相談に対応することとなる。

② 苦情解決手続は、契約者等から損害保険会社に対する苦情の申し出がなされた場合、当該損害保険会社に苦情の内容を通知して対応を求めることにより、損害保険会社と契約者等との直接交渉による自主的なトラブル解決を促す手続である。実際の交渉は、契約者等と損害保険会社におけるお客様相談室等の担当部門との間で行われることとなる。

③ 紛争解決手続は、裁判所における調停・訴訟と同等の困難さを有する

案件を扱う手続といえる(そんぽADRの手続実施委員は、「特別調停案」を示す権限を有しており、裁判所における調停よりも強力な紛争解決力を有する手続といえるであろう)。

契約者等と損害保険会社との間で苦情が解決しない場合(自賠責保険の保険金の支払等に関するものを除く)に、紛争解決手続の申立てをすることが出来る。紛争解決手続では、専門の知識や経験を有する紛争解決委員(弁護士など)が、中立・公正な立場からトラブルの解決支援(和解案の提示等)を行うものである。紛争解決手続では、いわゆる「互譲の精神」のもと、紛争解決委員(弁護士、消費生活相談員、学識経験者など)が、中立・公正な立場からトラブルの解決支援(和解案の提示等)を行うこととなる。

エ 紛争解決手続における留意点

紛争解決手続において解決することなく後に訴訟に至った場合、紛争解決手続において提出した答弁書や証拠資料は基本的にすべて相手方に手渡されるため、紛争解決手続対応は実質的には訴訟対応と同様の労力が必要といえる(なお、紛争解決手続を外部弁護士に依頼した場合、裁判所における調停と同様に着手金・報酬金が必要となる)。

紛争解決手続に対しては、紛争解決委員から「和解案」を示し「和解勧告」がなされる。この和解勧告を受諾しない場合、「特別調停案」を示し、保険会社に受諾を求めることが可能となる。「指定紛争解決機関に関する手続実施基本契約」を締結した保険会社は、そんぽADRにおける紛争解決手続を拒むことが出来ないのであり、その和解案や特別調停案は保険会社にとって事実上強力な効力を有することになる。

このように、そんぽADR解決案は保険会社にとって事実上強力な効力を有するのであるが、モラル事案であると疑われる申立てに対しても、契約者・被害者保護という大義名分のもとに「足して2で割る」がごとき解決案が示されるようであれば、そんぽADRの権威は揺らぎかねない。特に、前提事実自体につき申立人と保険会社の間で争いがある事案については、訴訟

における厳格な証明手続のもとで事実認定を行うほうが適切な解決に至る場合も多いであろう。

　ADR手続は紛争解決委員の裁量に委ねられている部分が多い。争いのある事実の認定が行われるのであれば、申立人のみならず保険会社からも立証を行う機会が与えられ、立証のために必要となる期間も十分に確保される必要がある。しかし、ADR手続においては、立証機会の付与や立証に必要な期間の設定も紛争解決委員に委ねられている以上、紛争解決委員はADRが公正な手続となるよう配慮する必要がある。たとえば、前提事実自体に争いがある案件において事実認定に踏み込むのであれば、紛争解決委員は申立人および保険会社の両者に対して働きかけ事実認定の前提となる資料を提出する機会を確保するとともに、紛争解決委員としても積極的に事実認定の前提となる証拠を収集するように努める必要があるだろう。そんぽADRが公正かつ迅速な紛争解決手続としての地位を確立することが出来るか否かは、紛争解決委員の慎重な配慮の有無によって決まることとなるだろう。

　紛争解決委員がそんぽADRにおいて解決出来ない、もしくは、すべきでないと判断した案件については、「そんぽADRにおいては解決不能である」旨を通知することをもって手続を完了することになる。そんぽADRの公正な運用を確保するためには、今後、いかなる場合が「そんぽADRにおいては解決不能である」のかが明らかにされる必要があるだろう。

　＜損害保険業務等に係る紛争解決等業務に関する業務規程＞

（和解案の作成等）
第37条　手続実施委員は、紛争解決手続において、紛争の解決に必要な和解案を作成し、当事者に対し、その受諾を勧告することができる。
2　手続実施委員は、紛争解決手続において、前項の和解案の受諾の勧告によっては当事者間に和解が成立する見込みがない場合において、事案の性質、当事者の意向、当事者の手続追行の状況その他の事情に

照らして相当と認めるときは、紛争の解決のために必要な特別調停案（法第308条の7第6項に定める特別調停案をいう。）を作成し、理由を付して当事者に提示することができる。

＜保険業法＞

（業務規程）
第308条の7
6　第2項第5号の「特別調停案」とは、和解案であって、次に掲げる場合を除き、加入保険業関係業者が受諾しなければならないものをいう。
　一　当事者である加入保険業関係業者の顧客（以下この項において単に「顧客」という。）が当該和解案を受諾しないとき。
　二　当該和解案の提示の時において当該紛争解決手続の目的となった請求に係る訴訟が提起されていない場合において、顧客が当該和解案を受諾したことを加入保険業関係業者が知った日から一月を経過する日までに当該請求に係る訴訟が提起され、かつ、同日までに当該訴訟が取り下げられないとき。
　三　当該和解案の提示の時において当該紛争解決手続の目的となった請求に係る訴訟が提起されている場合において、顧客が当該和解案を受諾したことを加入保険業関係業者が知った日から一月を経過する日までに当該訴訟が取り下げられないとき。
　四　顧客が当該和解案を受諾したことを加入保険業関係業者が知った日から一月を経過する日までに、当該紛争解決手続が行われている保険業務等関連紛争について、当事者間において仲裁法（平成15年法律第138号）第2条第1項（定義）に規定する仲裁合意がされ、又は当該和解案によらずに和解若しくは調停が成立したとき。

# 第 4 章

# 地域金融機関における
# 保険業務と反社会的勢力対応

## 1 反社会的勢力対策をめぐる情勢の進展

以下に述べるとおり、金融機関の反社会的勢力対応をめぐる情勢は、ここ数年でめまぐるしく進展している。

### (1) 政府指針、金融庁監督指針

平成19年6月に犯罪対策閣僚会議幹事会申合せとして「企業が反社会的勢力による被害を防止するための指針」(以下、「政府指針」という) が策定され、金融庁は平成19年2月に金融検査マニュアルの改正を行っているほか、政府指針を受け、金融庁は平成20年3月に「主要行等向けの総合的な監督指針」、「中小・地域金融機関向けの総合的な監督指針」、「保険会社向けの総合的な監督指針」などを改正し、さらに平成26年6月、上記監督指針等を改正している。

### (2) 金融庁の検査基本方針

反社会的勢力対応は金融庁の検査基本方針などでも近年、重点的検証事項とされている。

平成26年9月に金融庁から公表された平成26事務年度金融モニタリング基本方針(監督・検査基本方針)の重点施策の中でも反社会的勢力との関係遮断が記載されている。

### (3) 全国における暴力団排除条例の施行

福岡県を皮切りに、平成23年10月に東京および沖縄において暴力団排除条例(以下、「暴排条例」という)が施行され、全国47都道府県において暴排条例が施行されるに至った。

暴排条例は「警察対暴力団」から「社会対暴力団」のパラダイムシフトの

もと、事業者に対して契約時の属性確認（反社スクリーニング、表明確約手続）や暴排条項の導入義務を定めるほか、暴力団員等への利益供与の禁止を定めている。

### (4) 業界団体による暴力団排除条項参考例

全国銀行協会は平成20年11月に融資（銀行取引約定書）、平成21年9月に普通預金取引、当座勘定取引、貸金庫取引の各約款について暴力団排除条項参考例を策定し、その他全国信用金庫協会や全国信用組合中央協会なども同様の参考例を策定した。全銀協は平成23年6月、銀行取引約定書および当座勘定規定における暴排条項の参考例を改訂しており、全国信用金庫協会等も同様の改訂を行っている。

## 2 保険約款における暴排条項参考例

生命保険協会は平成24年1月、「反社会的勢力への対応に関する保険約款の規定例」を公表し、生命保険会社においてはすでに反社会的勢力との契約の未然防止や契約の解除等の取組を進めている。

また、損害保険契約においては被害者保護等の観点に留意する必要があるところ、一般社団法人 日本損害保険協会において保険種目ごとに慎重に検討を行い、自動車保険、住宅総合保険（火災保険）、普通傷害保険（傷害保険）、賠償責任保険について「反社会的勢力への対応に関する保険約款の規定例」を公表している。損害保険会社においてはすでに金融庁から順次約款改定の認可を受け、すでに態勢整備を進めている。

## 3 保険窓販についての検討

地域金融機関における保険業務と反社会的勢力対応の論点は多岐にわた

るが、保険契約からの反社会的勢力排除については、すでに論考があるため[1]、以下においては、保険窓販における論点に絞って論じたい。

## (1) 金融機関のデータベースとの照合

### ❶ 照合と個人情報保護法

　銀行や信用金庫等（以下、「金融機関」という）の保険窓販においては、金融機関が募集を行った後、生命保険会社の引受審査部門において引受けの判断が行われ、生命保険会社は、この段階で、保険契約関係者が反社会的勢力か否かを反社データベースへの照合により確認することになる（損害保険契約に関しては、代理店に契約締結権限を与えているのが一般的であるためこの点の手続が生命保険契約と異なる）。

　金融機関が、保険契約上の情報を自行のデータベースに照合することが出来るかについては、個人情報保護法との関係を整理しておく必要がある。

　金融機関において、保険契約上の情報を金融機関にある反社データベースと照合するにあたっては、保険会社から金融機関へ保険契約関係者の情報が提供される。個人情報保護法23条1項は、あらかじめ本人の同意を得ないで、個人データ（個人情報保護法2条4項）を第三者に提供することを原則として禁止しているところ、本人の同意を得ることは困難であるため、このような情報提供が第三者提供に該当しないかが問題となりうる。

　この点につき、個人情報保護法23条4項は、個人情報取扱事業者が利用目的の達成に必要な範囲において、個人データの取扱いの全部または一部を委託する場合には、個人データの提供を受ける者は「第三者」に該当しないとしており、この場合には、当該情報の対象となる個人の事前の同意が不要と

---

[1] 第一東京弁護士会民事介入暴力対策委員会編『保険業界の暴排条項対応』（金融財政事情研究会）、鈴木仁史「生命保険・損害保険約款への暴排条項の導入」、鈴木仁史「保険契約からの反社会的勢力排除の必要性と保険金詐欺事例」（金融法務事情1976号）、藤本和也「暴力団排除条項と保険契約」（保険学雑誌第621号）参照。

なる。

　窓販においては、保険会社と金融機関との間で、業務委託契約が締結され、委託業務の一つとして、保険契約の締結、保全等が含まれていることが一般的である。金融機関がこれらの業務を行うにあたっては、当然に保険契約関係者の情報を取り扱う必要があり、窓販における保険会社から金融機関への情報の提供は、一般的に、委託先への個人データの提供に該当するものと解される。

　したがって、窓販を取り扱う金融機関が、保険会社から保険契約関係者の情報の提供を受け、それらの情報を金融機関の有するデータベースと照合することは、個人情報保護法に抵触するものではないと解される。もっとも、保険契約関係者等とのトラブル防止の観点からは、情報の取得に際して交付される書面等に、適正な保険募集を行うために、保険会社から金融機関に情報が提供されることがある旨を記載しておくことも有効である。

### ❷　照合の要否

　それでは、金融機関は、保険契約上の情報を自らの金融機関のデータベースに照合する必要があるか。

　保険契約も私法上の契約である以上、「契約自由の原則」が当てはまるが、いったん成立した契約を解除する際には、解除事由の存在を保険会社が主張・立証しなければならない。そのため、反社会的勢力を契約関係から排除するのであれば、契約の引受け時の属性確認がきわめて重要となる。

　このような観点からは、保険会社だけでなく、金融機関においても、第一次選択として保険契約関係者の属性確認を行い、反社会的勢力に該当する場合、またはその疑いがある場合には、保険会社への報告書に記載したり、その時点で、金融機関の判断により謝絶したりする対応が有効である。

　もっとも、保険会社と金融機関との業務分担は、保険業法等において定められているものではなく、窓販業務委託契約における業務の定め方によるものと解される。したがって、最終的には、金融機関がデータベースとの照合

を行うことを窓販業務委託契約に定めるか否かは、保険会社、金融機関のいずれにとっても、実務的な負荷を考慮したうえでの経営判断になると思われる。この判断にあたっては各保険会社や金融機関により異なる方法があるが、重要なことは、反社会的勢力が介入する間隙をつくることのないような体制を整備することであろう。

## (2) 保険会社の引受段階で反社会的勢力と判明した場合の銀行等への情報提供

### ❶ 金融機関において保険契約の謝絶をする場合

保険会社において引受審査を行い、反社会的勢力と判明して謝絶することとなった場合は、金融機関が、その受託業務として謝絶することが一般的である。

この場合、保険会社から金融機関に対しては、従前の実務と同様、原則として、引受審査の結果、当該保険契約の申込みについては総合的判断により謝絶すべきことのみを伝え、反社会的勢力に関する情報については伝える必要がない。

前記のとおり、「契約自由の原則」が妥当するため、金融機関において「総合的判断」として謝絶すれば足りるし、また通常はそれ以上深入りしてこないと思われる。また、万一トラブルとなるような場合に、必要に応じて保険会社から銀行等に対し、必要な情報を提供すれば足りる。この場合、「個人データ」（個人情報保護法2条4項）の第三者提供の問題となるところ、保険契約の謝絶は銀行等の受託業務に含まれるところであり、「個人情報取扱事業者が利用目的の達成に必要な範囲内において個人データの取扱いの全部または一部を委託する場合」（個人情報保護法23条4項1号）に該当し、本人の同意を得ることなしに個人データを第三者に提供することが可能である。

代理店である金融機関が契約の謝絶をするにあたり、保険契約者から第1

回保険料を受領している場合、金融機関においてこれを保険契約者に返金することとなる。

### ❷ 金融機関において自らの契約解除等にも用いる場合

次に、金融機関が、保険会社から提供を受けた情報をもとに、預金契約を解除したり、自らの金融機関のデータベースに当該情報を登載したりすることは出来るかについて検討する。

#### ア 自らの金融機関での調査をもとにした解除の可否

金融機関が保険会社から、保険契約について謝絶する旨の情報を得て、これを端緒として自らの金融機関のデータベースと突合したところ、これにヒットし、またはヒットしなくても保険会社が謝絶した事実自体をもって、疑わしい事情として警察に照会し、この結果をもとに自らの金融機関の当該者との預金契約等を解除することが認められるか。

この点、金融機関が保険会社から提供を受ける情報は、原則として謝絶する旨の判断結果のみであり、反社会的勢力についての個人情報や個人データの提供があるものではないから、問題はないと解される。

#### イ 保険会社からの具体的な情報提供を前提とした解除の可否

金融機関が保険会社から、保険契約について謝絶する旨の情報を得て、保険会社に具体的な情報の提供を求め、保険会社がこれに応じて具体的な情報を提供し、金融機関が、これを自行と当該保険契約者との取引解除に利用することが認められるか。

この点、「個人データ」の第三者提供の問題、特に「個人情報取扱事業者が利用目的の達成に必要な範囲内において個人データの取扱いの全部または一部を委託する場合」（個人情報保護法23条4項1号）に該当するかが問題となる。「委託」には、契約の形態や種類を問わず、保険会社等が他の者に個人データの取扱いの全部または一部を行わせることを内容とする契約のいっさいが含まれ、「委託先」の例として、代理店への保険募集の委託があげられるが[2]、銀行等が単に委託を受けた保険契約の謝絶やその際のトラブル対

応のために情報を利用するのではなく、契約の解除に用いる場合には、「利用目的の達成に必要な範囲内」とは言いがたい面がある。

ただ、そうであったとしても、この場合は「人の生命、身体または財産の保護のために必要がある場合であって、本人の同意を得ることが困難であるとき」（個人情報保護法23条1項2号）に該当するといえる。

なお、保険会社が金融機関に提供する情報としては、属性情報、行為情報、関連情報（グレー情報[3]、前科情報など）があるところ、属性情報のうち、保険会社が自社で収集したデータベースに登載されている情報（たとえば新聞記事等の公知情報）ではなく、警察情報については、情報提供に関するいわゆる平成25年通達が、情報提供は、相手方が「提供に係る情報の悪用や目的外利用を防止するための仕組みを確立している場合」などに行うことと規定していることとの関係で問題となる。

金融機関が保険契約の謝絶やこれに伴うトラブル対応のために利用する場合は別として、預金口座自体の解除に用いるために利用するのは、警察情報の観点から目的外利用に該当するおそれがあるものと解される。よって、保険会社から金融機関に対し、警察情報自体は伝えず、不審な点があるので警察に確認するよう伝え、銀行等から警察への照会にあたって円滑な情報照会が出来るようにしておくことが有用と思われる。

また、行為情報の提供について、個人情報保護法との関係では問題がないが、保険会社の営業秘密、顧客からのクレーム等とも関係しうるところであり、慎重に検討すべき点がある。

---

[2] 一般社団法人生命保険協会「生命保険業における個人情報保護のための取扱指針について」3－7(1)参照。
[3] グレー情報（反社会的勢力との疑いのある情報）についても、人の証言や疎明資料があるなど、反社と疑うに足りる合理的な理由があるものについては、本人の同意なしに第三者提供が可能とされている（平成20年9月付内閣府国民生活局（当時）企画課個人情報保護推進室回答）。

### ウ　自らのデータベースへの登載

金融機関が上記イにおいて保険会社から提供を受けた具体的な属性情報、行為情報、関連情報等を自らのデータベースに登載することについて、個人情報保護法16条に抵触しないか問題となる。

個人情報保護法16条においては、「利用」のみでなく、「取得、入力、蓄積、編集・加工、更新、消去、出力、提供等」も禁止されているものと解される。よって、自らのデータベースに登載することも個人情報保護法16条1項の「利用目的の達成に必要な範囲を超えて個人情報を取り扱う」(個人情報保護法16条1項)こととなるが、「人の生命、身体または財産の保護のために必要がある場合であって、本人の同意を得ることが困難であるとき」(個人情報保護法16条3項2号)に該当する。

よって、金融機関が保険会社から提供を受けた情報を自らのデータベースに登載することについて、個人情報保護法16条に反しない。

## (3) 保険会社の保険契約締結後に反社会的勢力と判明した場合の金融機関への情報提供

### ❶ 保険契約関係者が反社会的勢力と判明した場合の対応

保険会社において保険契約を締結後、定期的スクリーニングや保全の際のスクリーニングを行った際、保険契約関係者のいずれかが反社会的勢力と判明した場合、保険会社において解除の可否について検討することとなる。

保険会社において解除を行うこととなった場合、保険会社が保険契約者に対して解除通知書を送付し、解約返戻金の返金も保険会社において行う。

### ❷ 金融機関においてクレームに適切に対応するための情報提供

#### ア　保険契約を解除する場合

上記のとおり、保険会社が保険契約を解除する場合、引受段階においては銀行等の受託業務として金融機関において謝絶することと異なり、保険会社において解除通知書を送付するが、解除の場合には謝絶の場合に比して、保

険契約関係者から募集代理店である金融機関に対してクレームが寄せられる可能性も高くなる。

そのため、安全確保等の観点から、保険会社と金融機関との間で、警察との連携や情報共有をする必要がある。

保険会社が保険契約の解除手続をするにあたり、金融機関がクレームに適切に対応出来るよう、反社会的勢力の情報を提供することについては、個人データの第三者提供の問題となるが、個人情報保護法23条4項1号または23条1項2号に基づき可能である。

イ　保険契約を解除しない場合

保険契約関係者のいずれかが反社会的勢力と判明した場合であっても、重大事由解除における信頼関係破壊や契約存続を困難とする事由の総合的な判断の結果、保険契約を解除せず、モニタリングを行うこともありうる。

この場合、保険契約関係者からのクレームリスクや安全確保リスクは、解除する場合に比すれば当然低いが、反社会的勢力という属性や行為要件を備えているため、解除しない場合もそのリスクは当然存在する。

金融機関としても、募集代理店としてフラグを立て、今後募集しないようにしたり、継続監視したりする必要があるところであり、保険契約を解除しない場合であっても、個人情報保護法23条4項1号または23条1項2号に基づき、個人データの第三者提供が可能である。

### ❸　金融機関において自らの契約を解除等するための情報提供

この場合も、(2)❷イと同様の考え方が当てはまる。

以上述べたとおり、窓販にあたっての個人データの提供等については、個人情報保護法に抵触しないものと解釈出来るが、反社会的勢力情報の守秘性が高いこと、相手が反社会的勢力であるため、万一漏えいしたような場合にはトラブルの可能性もあることから、情報漏えい防止措置等については、保険会社、金融機関ともに、十分に留意した態勢整備を行う必要がある。

銀行窓販における反社会的勢力対応については、実務上の議論が十分にな

されているとはいえず、今後も継続して対応につき見直していく必要がある。

# 第 5 章

# 地域金融機関と保険業務の今後

## 1 「新しい保険商品・サービス及び募集ルールのあり方について」

金融審議会は、平成24年4月11日以降、

① 保険契約者の多様なニーズに応えるための保険商品やサービスの提供および保険会社等の業務範囲のあり方

② 必要な情報が完結でわかりやすく提供されるための保険募集・販売のあり方

等についての検討を進めてきた。その成果として、平成25年6月7日、保険商品・サービスの提供等の在り方に関するワーキング・グループ(以下、「WG」という)により、「新しい保険商品・サービス及び募集ルールのあり方について」と題する報告書(以下、「本報告書」という)が公表された。これは、保険を専門とする研究者、法律家、消費者専門家のほか、保険会社の実務担当者等の共同による検討の結果であり、本報告書をもとに平成26年5月23日に成立した改正保険業法で立法化された。

そして、その内容は、保険商品・サービス自体から、その募集ルールまで至っており、保険会社だけでなく、募集主体であるそれ以外の金融機関等にとっても影響が大きい。

その意味で、本報告書と改正保険業法は、地域金融機関と保険業務の今後の方向性を定めるものとして位置付けることが出来る。以下で、そのような観点から、この報告書のうち、特に保険募集に関する点を中心にみていくこととする。

## 2 本報告書で取り上げられた論点

### (1) 二つの論点

報告書の完成に至るまで、WGでは、

① 保険商品・サービスのあり方（(i)新しい保険商品、(ii)共同行為制度、(iii)業務範囲規制）

② 保険募集・販売ルールのあり方（(i)保険募集に係る行為規制、(ii)乗合代理店・保険仲立人に係る規制、(iii)募集規制の及ぶ範囲等）

について審議が行われてきた。

このうち、①保険商品・サービスのあり方については、不妊治療に係る保険や保険金の直接支払等について検討されてきた。これらは、基本的に、保険商品やサービスを設計する保険会社を対象とする論点であるといえるため、本書では取り上げないことにしたい。

(2) 保険募集・販売ルールのあり方

このWGにおける保険募集・販売ルールの見直しは、近時の保険募集チャネルの多様化をきっかけとするものである。

現行の保険募集規制は、①保険会社、募集人に対する行為規制、および②保険会社における体制整備の2本柱で構成されている。これは、基本的に、保険会社に保険募集人の管理・指導を行わせることを想定しており、いわば、保険募集人と特定の保険会社との強い関係性を前提とするものであった。

しかし、近年は、窓販や来店型ショップ、インターネットによる募集が急増しており、それらは、従来の営業職員チャネルと並ぶ重要なチャネルとして機能している。そして、これらのチャネルにおいては、保険募集人である金融機関が行っている募集業務の実態について、保険会社が容易に把握し、適切に管理・指導出来るとは、必ずしもいえないケースが生じているのである。

それに加えて、銀行や証券等、他の金融業務の法律と異なり、保険業法においては、情報提供義務が明確に定められていないことも指摘されている。

このような背景をもとに、

① 情報提供義務等、保険募集全体に通じる基本的なルールを法律で明確に定めること
② 保険会社を主な規制対象とする現行法の体系を改め、保険募集人自身も保険会社と並ぶ募集ルールの主要な遵守主体とする法体系へと移行すること

の二つの視点から、保険募集規制の見直しが検討されることとされた。

### (3) 保険募集の基本的ルール

本報告書では、保険募集の基本的ルールとして、①意向把握義務と②情報提供義務の導入を提言している。この提言のもとにあるのは、保険に対するニーズの的確な把握と保険契約の内容に対する理解を高める点にある。以下で、詳しくみていく。

#### ❶ 意向把握義務

ここでは、顧客が自らの抱えているリスクを認識し、どのようなリスクを保険でカバーするのかを認識出来る環境を整備することが目的とされている。そのために、以下のような趣旨の義務規定が保険業法に定められることが考えられている。

「保険会社又は保険募集人は、保険募集に際して、顧客の意向を把握し、当該意向に沿った商品を提案し、当該商品について当該意向をどのように対応しているかも含めて分かりやすく説明することにより、顧客自身が自らの意向に沿っているものであることを認識した上で保険加入できるようにする必要がある」

これまでも、保険会社は、意向確認書面によって、契約締結時に顧客の意向を把握してきたが、本報告書では、これが必ずしも機能していないことが指摘されている。そして、意向確認の形骸化や保険会社・保険募集人および顧客双方の負担増加を避けるために、法律では一般的義務（プリンシプル）として定めるにとどまることとされている。したがって、保険会社・保険募

集人は、具体的な意向把握方法について、創意工夫することが求められる。

保険会社が検討すべき意向把握方法の目標水準は、監督指針で示されることが想定されている。その具体的水準としては、以下の二つのパターンがあげられている。

① 顧客の意向を把握して提案・説明する場合
　(ⅰ) 個別プランの説明前に顧客の意向を把握
　(ⅱ) 個別プランと顧客の意向とがどのように対応しているかを説明
　(ⅲ) 契約締結前に最終的な意向を確認
　(ⅳ) (ⅰ)の意向と(ⅲ)の意向とを比較
　(ⅴ) (ⅳ)が相違する場合には、その相違点を確認
② 顧客の意向を推定して提案・説明する場合
　(ⅰ) 個別プラン提案の都度、どのような意向を推定して設計したかを説明
　　このとき、それぞれの意向とプランとの対応を説明
　(ⅱ) 契約締結前に顧客の最終的な意向と(ⅰ)の意向とを比較
　(ⅲ) (ⅱ)が相違していないことを確認

監督指針では、一般的な意向把握義務を満たすための具体的な方法が、主な募集形態ごとに例示されることとされている。具体的には、アンケート等による意向の把握や、設計書等に保険募集人が推定した意向を記載すること等が考えられている。

このように、意向把握義務規定が定められる方向で検討されており、保険会社・保険募集人は、それに向けた実務を構築する必要がある。前述のように、現行実務においても意向確認書等による意向確認はなされているほか、保障設計段階でも、保険募集人による意向把握がなされているものと考えられ、これらの実務が否定されるものではないと解される。しかしながら、保険会社・保険募集人としては、本報告書をきっかけとして、より機能的な意向把握体制となるよう見直すことが求められる。

❷ **情報提供義務**

 保険募集をめぐる紛争において、説明不十分が争点になることが多い。たとえ意向把握義務に基づいて、保険募集人が顧客のニーズに適した保険商品を提案したとしても、顧客が商品内容をしっかり理解出来なければ、根本的な解決にはならない。保険は、その仕組みが複雑であるうえに、顧客との情報の非対称性が存在することは否定出来ない事実である。本報告書も、そのような視点から、保険会社・保険募集人により適切な情報提供やわかりやすい説明の重要性を指摘している。

 このような視点や指摘は、これまでにも存在したものであり、保険会社・保険募集人としても、その解決に向けて、さまざまな措置を講じてきた。

 その一つとして、保険業法300条１項１号は、保険募集に際しての重要事項の不告知を禁止している（これに違反した場合は刑事罰が科されることになる）。これにより、保険募集人は、重要事項を説明することが求められている。さらに、この不告知の禁止に基づくものとして、保険会社向けの総合的な監督指針において、「契約概要」および「注意喚起情報」の交付義務が定められている。

 しかし、本報告書では、これらの措置について、以下のような点が指摘されている。

① 告げないこと（不告知）が許されない重要事項が契約内容に限られている

② 不告知が刑事罰とされているため、その運用が謙抑的なものとならざるをえず、柔軟な運用が難しい

③ 一般に保険よりも理解しやすいといえる預金等について、積極的な情報提供義務が定められていることとのバランスを欠いている

 そこで、本報告書は、保険業法において、保険会社・保険募集人が保険募集を行う際には、顧客が保険加入の判断をするにあたって参考となるべき商品情報その他の情報を提供することを義務付けることを提案している。現行

の契約概要等については、そのような情報提供義務の標準的手法として位置付けられることになる。

現行実務が大きく変更を迫られるものではないと思われるが、どのような場合に情報提供義務に違反したと評価され、それによって保険契約の効力にどのような影響を与えるのかについて、今後の議論、運用を注視する必要がある。

### (4) 保険募集人の義務

本報告書は、保険募集人が複数の保険会社の商品を比較して販売したり、募集に関する業務の一部をアウトソーシングしたりしている現状をとらえ、保険会社だけでなく、保険募集人にも保険募集の適切性を確保するための主体的な取組みが求められていることを指摘する。そして、そのような視点から、保険募集人は、以下の点を課されることになる。

① 保険募集の基本的ルールを遵守するための体制整備義務
② 主体的に複数の保険会社商品を比較推奨販売する場合の追加的義務
③ 保険募集に関して外部委託先を利用する場合には、その委託先の管理責任

#### ❶ 体制整備義務

保険募集人には、これまで、保険会社のような体制整備義務（保険業法100条の2等）は課されていなかった。しかし、乗合代理店（「2以上の保険会社から保険募集の委託を受けている保険募集人」という本報告書の定義からすれば、金融機関等の窓販代理店も含まれる）を中心に、大規模な保険募集人が出現していることや、前述の意向把握義務や情報提供義務が保険募集人にも課されることから、保険募集人自身もその業務を適切に行うための体制を整備することが必要とされることになる。

このように、保険募集人にも、保険募集ルールを遵守するための体制整備義務が課されることになるが、それは、保険募集人の規模や特性に応じた内

容になることが想定されている。たとえば、生命保険会社の営業職員については、保険会社が適切な研修・指導等の体制を整備していれば、それに参加することで十分な水準を満たしていることになる。

### ❷ 乗合代理店の規制

乗合代理店は、複数の保険会社から委託を受けて、保険募集を行う者であるが、なかには、自らの判断によって、独自の募集プロセスを構築しているものもある。このような現状に着目し、本報告書は、保険会社による管理・指導だけでなく、乗合代理店自身が、体制整備についてより主体的に取り組む必要があると指摘する。

また、乗合代理店は、法令上、保険会社から独立した立場ではないにもかかわらず、「公平・中立」を標榜している乗合代理店があることも指摘されている。

このような現状を踏まえ、本報告書は、乗合代理店について、その立場への誤解を防止し、また、保険商品の比較推奨の質を確保するために、その規制の見直しを行うべきであるとする。

#### ア 商品の比較・推奨販売

乗合代理店が複数保険会社の商品を比較・推奨する場合には、その情報提供義務等の一環として、以下の対応が求められる。

① その乗合代理店が取り扱う商品のうち、比較可能な商品の全容を明示すること
② 特定の商品を提示・推奨する際には、その推奨理由をわかりやすく説明すること

②に関しては、さらに、顧客の意向に沿った取扱商品のうち、乗合代理店の判断によってさらに絞り込む場合には、その絞込みの基準等についても説明することが求められる。

これらの対応は、前述した体制整備の一環として考えられており、適切な商品比較・推奨を行うための体制整備も、乗合代理店の規模や特定に応じて

求められる。この点について、原則として比較推奨販売は行わず、例外的に、顧客から求められた場合にのみ比較推奨販売を行う乗合代理店においては、その例外的場面に対応するために必要な範囲での体制整備で足りる。

なお、手数料の開示については、これらの措置によってある程度適切な比較販売体制が整備・確保されると考えられるため、現時点においては一律に求められるものではないとされている。

イ　乗合代理店の立場等

乗合代理店の立場等についての誤認を防止するために、以下の２点が求められる。

① 乗合代理店は法律上、保険会社側の代理店であるという立場の明示
② 保険会社の代理店としての立場を誤解させない表示

このうち②に関して、単に「公平・中立」と表示することは、保険会社等と顧客との間で中立であるという誤解を招くおそれがあるとされている。

また、フランチャイズ方式（あるグループの本部Ａ（フランチャイザー）が、他の保険募集人（代理店Ｂ）に対して、自らのグループ名称の使用許諾やノウハウ提供を行い、その代理店Ｂ（フランチャイジー）が「○○グループ代理店Ｂ」として保険募集を行い、名称やノウハウの使用の対価をフランチャイザーに支払う経営形態）を採用している場合に、フランチャイザーは、フランチャイジーに対する教育・管理・指導についての体制整備も求められる。

### ❸　保険募集人の委託先管理責任

本報告書は、保険ショップ等、保険代理店の大型化に伴い、保険募集人が保険募集に関する業務をアウトソーシングする例が増加している現状について、委託先でトラブルが発生した場合の責任が不明確であるほか、実態把握の方法に限界があるといった問題意識を指摘している。そこで、これらを踏まえ、以下の提案がなされている。

① 業務委託をする場合には、その委託先の業務運営が適切に行われているかを確認するための体制整備を求める

② 保険会社等に対して、保険募集人が適正な委託先管理態勢を構築しているかについて把握・指導することを求める
③ 業務委託先に対しても、当局の報告徴求および立入検査権限を導入する

❹ その他—募集規制の適用範囲等

本報告書は、以上に加えて、比較サイトや照会行為等が行う保険商品の説明の中には、保険契約の締結の勧誘を目的としたものか不明確な場合があるとして、募集規制が及ぶ範囲について再整理する必要性を指摘している。

また、法人の損害保険代理店において、使用人と位置付けて保険募集業務を行わせることが出来るのは、使用人としてふさわしい教育・指導・管理等を受けている者のみであることを明確にするとされている。

さらに、新規参入や保険仲立人の活動の活性化を通じて、顧客が公平・中立な立場から媒介サービスを受けやすくするために、保険仲立人に係る規制について見直すことも提案されている。

## 3　本報告書を踏まえた保険業法の改正

### (1) 保険業法改正の概要

保険業法の改正案が平成26年3月14日に提出され、平成26年5月23日に保険業法改正案が成立した。そして改正保険業法は、公布の日から2年以内で政令で定める日として、平成28年からの施行が見込まれている（保険仲立人に対する規制緩和等および運用報告書の電磁的交付方法の多様化等については、すでに施行されている）。

今回の保険業法の改正は、保険会社をめぐる経営環境の大きな変化、すなわち、保険商品の複雑化・販売形態の多様化、「乗合代理店」（複数保険会社の商品を販売する代理店）等の出現、海外展開をはじめとする積極的な業務展開の必要性等を踏まえ、新たな環境に対応するための募集規制の再構築お

よび金融業の発展を通じた経済活性化への貢献を目指してなされたものである。

今回の保険業法改正においては、保険募集の形態の多様化が進展している状況等を踏まえ、保険募集に係る規制をその実態に即したものとするため、保険募集人の体制整備義務を創設する等の措置を講ずることとされた。

今回の保険業法改正の概要は以下のとおりである。

1．保険の信頼性確保
　① 保険募集の基本的ルールの創設
　　虚偽の説明等、「不適切な行為の禁止」に限定されていた従来の募集規制に加え、顧客ニーズの把握に始まり保険契約の締結に至る募集プロセスの各段階におけるきめ細かな対応の実現に向け、「積極的な顧客対応」を求める募集規制が導入された。
　・「意向把握業務」の導入（保険募集の際に、顧客ニーズの把握および該当ニーズに合った保険プランの提案等を求める）
　・「情報提供義務」の導入（保険募集の際に、商品情報など、顧客が保険加入の適否を判断するのに必要な情報の提供を求める）
　② 保険募集人に対する規制の整備
　　独立系の保険代理店の増加等を踏まえ、「保険会社」が監督責任を負う従来の募集人制度に加え、「保険募集人」に対し募集の実態に応じた体制整備を義務付ける規制が導入された。
　・保険募集人に対する体制整備義務の導入（複数保険会社の商品の取扱いの有無など、保険募集人の業務の特性や規模に応じて、保険募集人に対して体制整備を求める）
2．保険市場の活性化
　① 海外展開に係る規制緩和
　・海外の金融機関等を買収した際の子会社業務範囲規制の特例の拡大

(海外の金融機関等（例：投資運用会社）を買収した場合に、当該金融機関等の子会社のうち、法令上、保険会社グループには認められていない業務を行う会社についても一定期間（5年）の保有を認める）
② 保険仲立人に係る規制緩和
・長期の保険契約の媒介に係る認可制の廃止（保険仲立人が「保険期間5年以上」の長期保険契約の媒介業務を行う場合に別途求められる当局の「認可」を必要とする）
③ 実態に合った顧客対応を可能とするための規制緩和
・共同保険における契約移転手続に係る特例の導入（外国保険会社支店の日本法人化等に際して行われる保険契約の移転にあたり、契約者保護上の問題がないと認められる一定の場合（共同保険におけるシェアの小さな非幹事会社の持分移転を想定）において、移転対象契約者に対する個別の「通知」を「公告」で代替出来る特定を設ける）
・運用報告書の電磁的交付方法の多様化（運用報告書について、顧客専用ウェブサイトの閲覧など、新たな交付方法を認める）

## (2) 保険募集の基本的ルールの創設（保険業法294条、294条の2関係）

　保険業務に対して重大な影響を及ぼすのが、保険募集の基本的ルールの創設である。改正前の保険業法においては、募集規制が「禁止行為」に限定されていたが、これに加えて「積極的な顧客対応」を求める募集規制が導入された。

　すなわち、従来の規制では、①「意向確認書面」の作成・交付が求められるとともに、②保険募集における禁止行為（顧客に対する説明（保険業法294条）、虚偽説明の禁止・重要事項の説明義務（保険業法300条1項1号）、虚偽告知等の禁止（保険業法300条1項2号3号）、不利益事実を説明しない乗換募集の禁止（保険業法300条1項4号）、誤解を与える他の保険との比較表示等の禁止（保

険業法300条1項6号)、断定的判断の提供の禁止(業法300条1項7号)、重要事項に関する不当表示等の禁止(業法300条1項9号))が列挙されていた。

これに対して、今回の改正では、以下の「募集規制」が追加されるに至った。基本的に、本報告書での議論が踏襲されている。

### ❶ 意向把握義務の導入(保険業法294条の2)

保険募集(保険募集と同等の行為(団体保険への顧客の勧誘)が含まれる)の際に、顧客ニーズの把握、当該ニーズに合った保険プランの具体化、顧客ニーズと提案プランの最終的な確認等の対応が求められることとなった。

> (顧客の意向の把握等)
> 第294条の2
> 　保険会社等若しくは外国保険会社等、これらの役員(保険募集人である者を除く。)、保険募集人又は保険仲立人若しくはその役員若しくは使用人は、保険契約の締結、保険募集又は自らが締結した若しくは保険募集を行った団体保険に係る保険契約に加入することを勧誘する行為その他の当該保険契約に加入させるための行為に関し、顧客の意向を把握し、これに沿った保険契約の締結等(保険契約の締結又は保険契約への加入をいう。以下この条において同じ。)の提案、当該保険契約の内容の説明及び保険契約の締結等に際しての顧客の意向と当該保険契約の内容が合致していることを顧客が確認する機会の提供を行わなければならない。ただし、保険契約者等の保護に欠けるおそれがないものとして内閣府令で定める場合は、この限りでない。

この意向把握義務の導入により、保険募集においては、よりいっそう顧客ニーズを的確に把握したうえで提案を行っていくことが必要となるであろう。従来の実務でも、保険契約締結時に書面上の意向確認が行われていた

が、今後は、募集の序盤から保険募集の終盤に至る募集プロセス全体を通して、どのような商品を提案するのが顧客のニーズに最も合致しているのかをより強く意識することが必要となる。

もっとも、このような意向把握義務は、公法としての保険業法上の義務であり、その違反が直接的に私法上の効果（保険契約の有効性等）に結びつくものではない。

### ❷ 情報提供義務の導入（保険業法294条）

保険募集（保険募集と同等の行為（団体保険への顧客の勧誘）が含まれる）の際に、顧客が保険加入の適否を判断するのに必要な情報（保険金の支払条件（どのような場合に保険金が支払われるか）、保険期間・保険金額等、その他顧客に参考となるべき情報（ロードサービス等の付帯サービス等））の提供が求められる。なお、複数保険会社の商品の比較推奨販売を行う場合には、取扱商品のうち比較可能な商品の一覧、特定の商品の提示・推奨を行う理由等を示す必要が生じた。

なお、意向把握義務と同様に、この情報提供義務は公法上の義務であり、その違反が直接的に私法上の効果（保険契約の有効性等）に結びつくものではない。

---

（情報の提供）

第294条1項

　保険会社等若しくは外国保険会社等、これらの役員（保険募集人である者を除く。）、保険募集人又は保険仲立人若しくはその役員若しくは使用人は、保険契約の締結、保険募集又は自らが締結した若しくは保険募集を行った団体保険（団体又はその代表者を保険契約者とし、当該団体に所属する者を被保険者とする保険をいう。次条、第294条の3第1項及び第300条第1項において同じ。）に係る保険契約に加入することを勧誘する行為その他の当該保険契約に加入させるための行為（当該団体保険に係る

> 保険契約の保険募集を行った者以外の者が行う当該加入させるための行為を含み、当該団体保険に係る保険契約者又は当該保険契約者と内閣府令で定める特殊の関係のある者が当該加入させるための行為を行う場合であって、当該保険契約者から当該団体保険に係る保険契約に加入する者に対して必要な情報が適切に提供されることが期待できると認められるときとして内閣府令で定めるときにおける当該加入させるための行為を除く。次条及び第300条第1項において同じ。）に関し、保険契約者等の保護に資するため、内閣府令で定めるところにより、保険契約の内容その他保険契約者等に参考となるべき情報の提供を行わなければならない。ただし、保険契約者等の保護に欠けるおそれがないものとして内閣府令で定める場合は、この限りでない。

### (3) 保険募集人に対する規制の整備（保険業法294条の3）

　改正前の保険業法においても、保険会社に対する体制整備義務は規定されていたが（保険業法100条の2等）、保険代理店を含む保険募集人に対する体制整備義務は規制されていなかった。これは、保険会社による保険募集人に対する指導・管理を通じた保険募集人の体制整備が期待されていたからである。ただし、保険会社を通じた保険募集人の体制整備が効果をあげるためには、保険会社が保険募集人の実態を把握をすることが可能であり、また、保険会社が保険募集人の管理・指導を行うことが基本的に可能であると考えられていたからであった。

　しかし、近時、来店型保険ショップの形態をとる乗合代理店を中心として、乗合代理店が存在感を増してきた。乗合代理店は複数の保険会社の商品を取り扱う代理店をいうが、保険会社1社に専属する代理店ではないことから、乗合代理店の規模や乗り合う保険会社の数によっては、保険会社による保険募集人の実態把握や保険募集人の管理・指導に一定の限界が生じている

のではないかとの指摘がなされるに至った。

そこで、今回の改正において、保険会社が監督責任を負う従来の保険募集人規制に加え、保険募集人に対しても業務の規模や特性に応じた体制整備義務を法律上義務付けることになった。

この体制整備義務の具体的内容は内閣府令等で定められることとなったが、「その他の健全かつ適切な運営を確保するための措置」として、

① 保険募集の業務に係る重要な事項の顧客への説明
② 保険募集の業務に関して取得した顧客に関する情報の適正な取扱い
③ 保険募集の業務を第三者に委託する場合における当該保険募集の業務の的確な遂行
④ 二以上の所属保険会社等を有する場合における当該所属保険会社等が引き受ける保険に係る一の保険契約の契約内容につき当該保険に係る他の保険契約の契約内容と比較した事項の提供
⑤ 保険募集人指導事業（他の保険募集人に対し、保険募集の業務の指導に関する基本となるべき事項（当該他の保険募集人が行う保険募集の業務の方法又は条件に関する重要な事項を含むものに限る。）を定めて、継続的に当該他の保険募集人が行う保険募集の業務の指導を行う事業をいう。）を実施する場合における当該指導の実施方針の適正な策定及び当該実施方針に基づく適切な指導

が例示された。

---

（業務運営に関する措置）
第294条の3
　保険募集人は、保険募集の業務（自らが保険募集を行った団体保険に係る保険契約に加入させるための行為に係る業務その他の保険募集の業務に密接に関連する業務を含む。以下この条並びに第305条第2項及び第3項において同じ。）に関し、この法律又は他の法律に別段の定めがあるものを除

くほか、内閣政府で定めるところにより、保険募集の業務に係る重要な事項の顧客への説明、保険募集の業務に関して取得した顧客に関する情報の適正な取扱い、保険募集の業務を第三者に委託する場合における当該保険募集の業務の的確な遂行、二以上の所属保険会社等を有する場合における当該所属保険会社等が引き受ける保険に係る一の保険契約の契約内容につき当該保険に係る他の保険契約の契約内容と比較した事項の提供、保険募集人指導事業（他の保険募集人に対し、保険募集の業務の指導に関する基本となるべき事項（当該他の保険募集人が行う保険募集の業務の方法又は条件に関する重要な事項を含むものに限る。）を定めて、継続的に当該他の保険募集人が行う保険募集の業務の指導を行う事業をいう。）を実施する場合における当該指導の実施方針の適正な策定及び当該実施方針に基づく適切な指導その他の健全かつ適切な運営を確保するための措置を講じなければならない。

2　保険仲立人は、保険募集の業務に関し、この法律又は他の法律に別段の定めがあるものを除くほか、内閣府令で定めるところにより、保険募集の業務に係る重要な事項の顧客への説明、保険募集の業務に関して取得した顧客に関する情報の適正な取扱い、保険募集の業務を第三者に委託する場合における当該保険募集の業務の的確な遂行その他の健全かつ適切な運営を確保するための措置を講じなければならない。

### (4) その他の改正事項（保険業法300条、303条、304条、305条）

その他の改正事項の概略は以下のとおりである。

① 不告知が禁止される「重要な事項」の範囲の限定（300条1項1号）

情報提供義務が新設され、契約概要等の説明については新たに情報提供義務により規制されることとなることにもかんがみ、不告知が禁止される

「重要な事項」の範囲を、保険契約者等の判断に影響を及ぼす重要な事項に限定することとなった。

　今回の保険業法改正までは、保険業法300条1項1号の重要事項の不告知が実質的に情報提供義務を示す役割を担っていたと評価しうる。しかし、重要事項の範囲が契約内容に限定されており顧客への情報提供を適切に行うための規制としては狭すぎると考えられるとともに、保険業法300条1項1号違反は刑事罰を伴うため同号の適用が謙抑的になってしまい、実効的な情報提供につながらないのではないか、との批判があった。

　そこで、今回の改正においては、保険募集における基本的ルールとして情報提供義務を定めることになった。情報提供義務の導入に伴い、保険業法300条1項1号は、契約内容がきわめて重要である保険契約において、募集時の虚偽説明や重要事項の不告知という厳に慎むべき行為については刑事罰をもって禁じたものとして明確化されたと考えられる。

② 大規模な保険募集人に対する帳簿書類等に関する規定の整備（保険業法303条、304条）

　規模の大きな保険募集人に対して、保険会社と同様に、帳簿書類の作成・保存および事業報告書の提出を義務付けることとなった。

③ 保険募集人等の委託先等に対する立入検査権限等の整備（保険業法305条）

　保険募集人等の業務委託先等（システム会社等）に対する報告徴求・立入検査権限を整備することとなった。

## 4　委託型募集人に関する動向

### (1) 委託型募集人の適正化（再委託原則禁止の徹底）

　かつて、保険募集人の要件として代理店との雇用関係が必要であったが、派遣社員の活用を求める経団連からの規制改革要望に応えるかたちで、平成

13年に保険募集人の要件より雇用関係が外された（平成13年3月30付「事務ガイドライン」）。人材派遣会社社員が募集人となることを可能とするためである。ただし、それ以外の保険募集人については、依然として「勤務」・「教育」・「管理」・「雇用」の4要件が保険募集人の要件として運用されてきた（代理店委託登録事務処理要領）。そのような中、いくつかの保険会社は、非効率な小規模代理店への対応策として、代理店主が社会保険等の雇用コストを負担することなく採用が可能となる「委託型使用人」制度を導入するに至った。

　しかし、近年、来店型保険ショップをはじめとする代理店の大型化による「委託型募集人」が多様化し、必ずしも保険会社が委託型募集人の実態等を十分把握しきれているとはいえない状況も発生した。

　そのような中、平成24年度の保険業法改正（275条3項）により、保険募集の再委託は「グループ会社間に限定して認められる」こととなり、これ以外のケースは禁止されていることが明確になった。一方、平成25年6月7日に公表された金融審議会「保険商品・サービスの提供等の在り方に関するワーキング・グループ」報告書『新しい保険商品・サービス及び募集ルールのあり方について』において、『（委託型使用人は）適切な教育・指導・管理を受けることなく保険募集を行っている可能性がある』と指摘され、これを受け金融庁が実施を一部聴取したところ、一部の代理店において、「再委託の禁止」に抵触するおそれのある者や、使用人の要件を満たさないおそれのある募集人が確認された。そこで、募集実態の調査と募集の適正化に向け、代理店の実態を確認する目的で、保険業法128条に基づく「報告徴求命令」発令された。

（保険募集の制限）
第275条
　次の各号に掲げる者が当該各号に定める保険募集を行う場合を除くほ

か、何人も保険募集を行ってはならない。
- 一　次条の登録を受けた生命保険募集人　その所属保険会社等のために行う保険契約の締結の代理又は媒介（生命保険募集人である銀行その他の政令で定める者（以下この条において「銀行等」という。）又はその役員若しくは使用人にあっては、保険契約者等の保護に欠けるおそれが少ない場合として内閣府令で定める場合に限る。）
- 二　損害保険会社（外国損害保険会社等を含む。以下この編において同じ。）の役員（代表権を有する役員並びに監査役及び監査委員を除く。以下この条、第283条及び第302条において同じ。）若しくは使用人又は次条の登録を受けた損害保険代理店若しくはその役員若しくは使用人　その所属保険会社等のために行う保険契約の締結の代理又は媒介（損害保険代理店である銀行等又はその役員若しくは使用人にあっては、保険契約者等の保護に欠けるおそれが少ない場合として内閣府令で定める場合に限る。）
- 三　特定少額短期保険募集人（少額短期保険募集人のうち、第3条第5項第1号に掲げる保険その他内閣府令で定める保険のみに係る保険募集を行う者で、少額短期保険業者の委託を受けた者でないものをいう。以下同じ。）又は次条の登録を受けた少額短期保険募集人　その所属保険会社等のために行う保険契約の締結の代理又は媒介（少額短期保険募集人である銀行等又はその役員若しくは使用人にあっては、保険契約者等の保護に欠けるおそれが少ない場合として内閣府令で定める場合に限る。）
- 四　第286条の登録を受けた保険仲立人又はその役員若しくは使用人　保険契約（外国保険会社等以外の外国保険業者が保険者となる保険契約については、政令で定めるものに限る。）の締結の媒介（保険仲立人である銀行等又はその役員若しくは使用人にあっては、保険契約者等の保護に欠けるおそれが少ない場合として内閣府令で定める場合に限る。）

であって生命保険募集人、損害保険募集人及び少額短期保険募集人がその所属保険会社等のために行う保険契約の締結の媒介以外のもの

2　銀行等は、他の法律の規定にかかわらず、次条又は第286条の登録を受けて保険募集を行うことができる。

3　保険募集の再委託は、次の各号に掲げる要件のいずれにも該当する場合において、当該再委託をする者（以下この条、第281条第１号及び第283条において「保険募集再委託者」という。）及びその所属保険会社等が、あらかじめ、再委託に係る事項の定めを含む委託に係る契約の締結について、内閣総理大臣の認可を受けたときに限り、行うことができる。

　一　保険募集再委託者が、第１項第１号から第３号までに掲げる者のうち保険会社又は外国保険会社等であって、その所属保険会社等と内閣府令で定める密接な関係を有する者であること。

　二　再委託を受ける者が、保険募集再委託者の生命保険募集人又は損害保険募集人であること。

　三　保険募集再委託者が、再委託について、所属保険会社等の許諾を得ていること。

4　前項の認可の申請は、内閣府令で定めるところにより、保険募集再委託者及び所属保険会社等の連名で行わなければならない。

5　内閣総理大臣は、第３項の認可の申請があった場合においては、その申請者が次に掲げる基準に適合しているかどうかを審査しなければならない。

　一　当該再委託が第３項各号に掲げる要件のいずれにも該当すること。

　二　当該保険募集再委託者及び所属保険会社等が、再委託に係る保険募集の的確、公正かつ効率的な遂行を確保するために必要な体制の

> 整備その他の措置を講じていること。

これを受け、各保険会社は、全代理店の使用人の実態調査を行い、不適切な事例があれば適正化を行うとともに、その結果を金融庁に報告することとなった。

委託型募集人も適正化の対象として、

① 委託型募集人を用いてきた代理店が委託型募集人を「雇用」、「派遣」、「出向」等の形態で使用人として適正化を行う
② 委託型募集人が独立した個人代理店へ移行して業務を継続して適正化を行う
③ 新たな法人代理店を設立して業務を継続する

等の方法が措定される。

## (2) 募集人の適正化に向けた取組み

徴求命令発令以降、保険各社は募集人の新規届出について委託型募集人の届出を停止したと考えられるため、それまでに登録された既存の委託型募集人が適正化の対象となる。

なお、平成26年3月18日付で公表された金融庁「保険会社向けの総合的な監督指針」において、保険募集に従事する役員・使用人の定義が変更されたが、これも募集人の適正化に係る改正であると考えられる。

> Ⅲ-2-2(7) 保険募集に従事する役員又は使用人届出（法第302条の届出）
> ① 法第302条にいう保険募集に従事する役員又は使用人とは、保険代理店から保険募集に関し適切な教育・管理・指導を受けて保険募集を行う者をいう。
>   なお、当該使用人については、これに加えて、保険代理店の事務所に勤務し、かつ、保険代理店の指揮監督・命令のもとで保険募集を行

う者である必要があることに留意する。
　　また、法第275条第3項に規定する場合を除き、保険募集の再委託は禁止されていることに留意する。
② 保険募集に従事する役員又は使用人は、他の保険代理店又は損害保険会社において保険募集に従事する役員又は使用人にはなれないことに留意する。
③ 保険募集に従事する役員又は使用人を追加する場合は、法第302条の規定による届出日以降でなければ保険募集を行わせることができないことに留意する。

### (3) 「雇用」「派遣」「出向」の勤務形態を採用する場合の留意点

　金融庁のパブリックコメントによれば、「規定の使用人要件を満たしていない場合、当該使用人は、①本規定に則り、使用人要件及び労働関係法規を遵守したうえで、「雇用」「派遣」「出向」といった契約形態となる、②個人代理店となる、③新たな法人代理店を設立し、その役員又は使用人となる、等の対応が必要であると考えられる。また、上記②又は③となる場合、例えば、これまで当該使用人に対して保険募集を委託していた者や、さらには、保険会社も共同して、新たに設立された保険代理店に対して支援を行うといった対応を行うことも考えられます」とされた。

　雇用等を行うに際しては、当然のことではあるが、労働関係法規を遵守する必要がある。たとえば、「労働者」を使用する事業主は、労働基準関係法令・労働安全衛生関係法令に基づき、たとえば以下の措置を講ずる必要がある。

- 労働者雇入れ時の労働条件明示（特に賃金、労働時間等法令で定める事項について書面交付による明示）（労働基準法15条、労働基準法施行規則5

条）
- 労働者解雇時には、30日以上前の予告、または、解雇予告手当支払（労働基準法20条）
- 労働時間は1週40時間、1日8時間以内（労働基準法32条）
- 1週40時間、1日8時間を超える労働については、割増賃金の支払が必要（労働基準法37条）
- 上記を超える労働を行わせる場合には、時間外・休日労働に関する労使協定（36協定）を締結
- 最低賃金法の適用（最低賃金法4条）
- 賃金5原則の適用（労働基準法24条）
- 会社都合の休業については休業手当の支払が必要（労働基準法26条）
- 「歩合給」等の出来高払制の場合であっても労働時間に応じた額の賃金を保証する必要（労働基準法27条）
- 年次有給休暇を付与する必要（労働基準法39条）
- 「委託型募集人」を雇用することにより労働者が10人以上になった事業場では就業規則を作成し、所轄労働基準監督署長に届け出る必要（労働基準法89条）
- 労働者雇入れ時とその1年以内ごとに1回、定期的に健康診断を実施する必要（労働安全衛生法66条、労働安全衛生規則43条、44条）
- 健康診断で所見のあった労働者については意思の意見聴取が必要（安全衛生法66条の4）
- 労働者が業務上の災害で休業する場合、労働者死傷病報告を提出する必要（労働安全衛生法100条、労働安全衛生規則97条）
- その他、法令で定める事項

　なお、これらの措置を雇用契約書等において形式的に講じたとしても、それは「適正化」とはいえないのであって、各代理店における雇用等の実態を

伴う措置でなければならないことを認識する必要がある。

## 5 三者間スキーム

### (1) 三者間のスキームの概要

すでに述べたように委託型募集人は適正化の対象となり、「雇用」「派遣」「出向」等の形態への移行が図られることとなった。

もっとも、現行の実務を可能な限り維持しつつ適正化を実現する方法として、「雇用」「派遣」「出向」等の形態への移行とは別に、委託型募集人をそのまま専業の個人代理店として登録したうえで適正化を図る、三者間スキームが検討された。

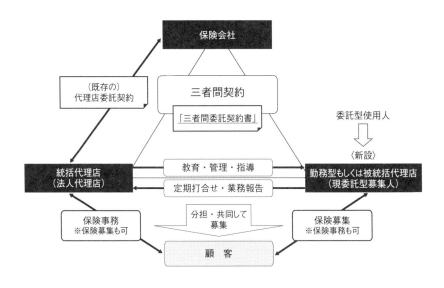

三者間スキームにおいては、新設代理店の管理・教育・指導（募集人教育、代理店から定期的に業務報告を受けて指導する、定期的な会議や研修を通じ

た業務品質の向上等）や、計上、収明記帳、保険料精算、重要現物の交付・管理、保全対応等のバックオフィス業務について、統括代理店が担当することが想定されている。また、保険募集に該当しない事務処理業務も統括代理店が担当することになろう。なお留意すべきは、統括代理店は新設代理店の募集行為に対して保険会社および契約者等に対して連帯責任を負うことが想定されている点である。

一方、新設代理店は、見込み客選定・保険の勧誘、商品説明、重要事項説明、申込書作成、保険料領収等の一連の保険募集業務を担当することが想定されている。これらは、これまでの代理店と委託型募集人との役割分担を可能な限り維持するかたちでの整理だといえる。

三者間スキームにおける権利義務関係は三者間スキームを定める代理店委託契約書に明記されることになる。新設代理店および統括代理店は、契約書に定める義務を遵守し、保険会社の指示に基づき代理店業務を行うことになる。

もっとも、当然のことながら、三者間スキームが適正化の脱法となることは許されない。あくまで、保険会社と統括代理店が、適切に新設代理店の「管理」・「教育」・「指導」の義務を果たすことが出来るよう体制整備を行うことが前提であり、保険会社は代理店としての義務を十分に果たすことが出来ないものを新設代理店とすることは許されない。

## (2) 三者間スキームの法的構造

保険会社・甲・乙の三者で、三者間スキームを定める代理店委託契約が締結される。保険会社は甲に代理店業務を委託し、甲は乙の教育・管理・指導のもとに代理店業務を遂行する。もっとも、やむをえない事情等により、甲が乙と共同して保険募集を行う場合も考えられる。しかし、誰が責任を持って募集行為を行っているのか不明確となれば見込客や契約者に不利益を与えることにつながるため、募集に際して甲と乙それぞれの立場や権限を明確化

したうえで募集行為を行う必要があるだろう。

　新設代理店となるためには、①乙による適切な教育・管理・指導を可能とするため、他者の指導・命令を受ける立場にはない個人であること、②乙による適切な教育・管理・指導を可能とし、また、無登録募集の懸念を生じさせないようにするため、保険募集業務に支障を来たす他業を営んでいない個人であること、③保険会社が承認した場合であること、等の要件を充足する必要があるだろう。

　また、統括代理店となるためには、①適切な教育・管理・指導が可能な株式会社等であること、②専用の事務所を開設していること、③専用の事務所において、新設代理店を教育・管理・指導するための体制が整っていること、④専用の事務所において新設代理店に関するバックオフィス業務等を行いうる体制が整っていること、⑤保険会社が承認した場合であること、等の要件を充足する必要があるだろう。

　他方、三者間スキームにおける保険会社の役割は、適正な募集が行われるよう状況をコントロールすることにある。適切な教育・管理・指導を可能とするため、①新設代理店に対する指導・教育に関する研修メニュー・ツール等を提供すること、②統括代理店とともに新設代理店の教育・管理・指導を実施すること等が考えられる。また、統括代理店による新設代理店の定期的なモニタリング等を通じて新設代理店の情報を収集するとともに、必要に応じて対応を行い、新設代理店の募集行為の適切性を確保することになると思われる。

## 6　地域金融機関と保険の今後

　以上、みてきたように、今後、保険募集に関する規制の体系が変更されることとなる。その方向性としては、より厳格な体制整備や実務運用が求められることになるものと思われる。これは、保険会社と信用金庫等地域金融機

関が、これまで以上に密接なかかわりを持ち、相互に協力することが求められると理解出来る。

　ここ数年、信用金庫等地域金融機関と保険会社との関係は、保険窓販を中心として急速に深（進）化を遂げている。それは、顧客の利便性向上を目的としたものであるが、今後も、その目的に向けて、深（進）化することが期待される。

# 事項索引

## ●あ

新しい保険商品・サービス及び募
　集ルールのあり方について ……… 120
意向把握義務 ……………………122, 131
委託型募集人 ………………………… 136
委託型募集人の適正化 ……………… 136
一時払い終身保険 …………………… 89
営業保険料率 ………………………… 51
ADR …………………………………… 98

## ●か

解約返戻（払戻）金 ………………… 14
火災保険 ……………………………… 21
企業が反社会的勢力による被害を
　防止するための指針 ……………… 108
給付反対給付均等の原則 …………… 10
狭義の適合性原則 ………83, 92, 93, 96
強制保険 ……………………………… 24
協同組織金融機関特例 ……………… 80
金融ADR ……………………………… 74
金融庁モニタリング ………………… 81
クーリング・オフ …………………… 89
継続謝絶 ……………………………… 56
契約概要 ……………………………… 88
契約自由の原則 ………………… 56, 111
契約の成立 …………………………… 16
広義の適合性原則 …………………… 94
高齢顧客への勧誘による販売に係
　るガイドライン …………………… 84
高齢者 ……………………82, 83, 84, 90
告知義務 ……………………………… 15
国民生活センター …………………… 82
個人情報 ……………………………… 64
個人情報保護法 ………………… 64, 110
個人年金保険 ………………………… 18

## ●さ

裁定審査会 …………………………98, 100
財物保険 ……………………………… 25
作成契約 ……………………………… 48
作成契約類似行為 …………………… 48
三者間スキーム ……………………… 143
自己契約 ……………………………… 48
地震保険 ……………………………… 21
実印 …………………………………… 47
指定代理店 …………………………… 34
自動車損害賠償保障法 ……………… 24
自動車保険 …………………………… 24
自賠責保険 …………………………… 24
社員代行の禁止 ……………………… 48
射倖契約性 …………………………… 12
収支相等の原則 ……………………… 10
終身保険 ……………………………… 20
重要事項 ……………………………… 88
純保険料 ……………………………… 51
純保険料率 …………………………… 51
傷害疾病損害保険契約 ……………… 14
傷害疾病定額保険契約 ……………… 15
傷害保険 ……………………………… 25

| | |
|---|---|
| 消費者契約法 …………………………… 89 | 代筆 …………………………………………… 46 |
| 商品の比較・推奨販売 ………… 126 | タイミング規制 ……………………… 78 |
| 情報提供義務 ………………… 124, 132 | 代理申請 ……………………………………… 33 |
| 信用金庫 ………………………………………… 2 | 代理店扱い ………………………………… 32 |
| 信用金庫指定代理店 …………………… 26 | 代理店手数料 …………………………… 38 |
| 信用金庫本体 ……………………………… 26 | 代理店登録申請と代申 ………… 33 |
| 信用組合 ………………………………………… 4 | 代理店（募集人）資格制度 … 43 |
| 制限行為能力者 ………………………… 83 | 諾成・不要式契約性 ……………… 11 |
| 生命保険協会 …………………………… 99 | 他人名義印使用・署名代筆 … 48 |
| 生命保険契約 …………………………… 14 | 担当者の分離規制 …………………… 77 |
| 生命保険相談所 ………… 81, 97, 98, 99 | 地域金融機関特例 …………………… 79 |
| 生命保険募集代理店委託契約 … 30 | 地方銀行 ……………………………………… 5 |
| 生命保険募集人 ……………… 30, 41 | 注意喚起情報 …………………………… 88 |
| 責任開始 …………………………………… 17 | 直扱い ………………………………………… 32 |
| 責任保険 …………………………………… 25 | チラシ ………………………………………… 44 |
| 説明義務 …………………………………… 88 | 付替契約 …………………………………… 48 |
| 説明不十分（説明義務違反）… 94 | 適合性原則 ………………… 90, 91, 96 |
| 説明不十分（説明義務違反・広義 | 特定契約 …………………………………… 48 |
| の適合性原則）………………………… 94 | 特定保険契約 …………………………… 91 |
| 専業代理店と兼業（副業）代理店 | |
| ……………………………………………………… 32 | ●な |
| 全信協スキーム ………………………… 3 | 仲立人扱い ……………………………… 32 |
| 専属代理店と乗合代理店 …… 33 | 任意保険 …………………………………… 24 |
| 損害保険契約 …………………………… 14 | 乗合代理店の規制 ………………… 126 |
| 損害保険代理店 ………………………… 32 | |
| 損害保険代理店委託契約 …… 36 | ●は |
| 損害保険募集人 ………………………… 42 | 賠償責任保険 …………………………… 25 |
| そんぽADR ……………………………… 101 | 犯罪収益移転防止法 ……………… 49 |
| そんぽADRセンター ……… 97, 101 | 反社データベース ………………… 110 |
| | パンフレット …………………………… 44 |
| ●た | 引受謝絶 …………………………………… 56 |
| 代印 …………………………………………… 46 | 非公開金融情報 ………………………… 65 |
| 大数の法則 ………………………………… 10 | 非公開金融情報保護措置 …… 64 |
| 体制整備義務 ………………………… 125 | 非公開情報保護措置 ……………… 65 |

非公開保険情報······················ 65
非公開保険情報保護措置··········· 64
被保険者····················· 14, 15
被保険者の死亡····················· 61
被保険利益························· 15
付加保険料························· 51
付加保険料率······················· 51
附合契約性························· 12
不祥事件··························· 48
変額個人年金保険··················· 19
暴力団排除条項··················· 109
暴力団排除条例··················· 108
法令等遵守責任者・統括責任者····· 68
保険会社向けの総合的な監督指針
································ 108
保険期間の満了····················· 57
保険業法283条····················· 39
保険金····························· 13
保険金受取人················· 14, 15
保険金不正請求・着服··············· 48
保険契約··························· 13
保険契約者························· 13
保険契約の解除····················· 60
保険契約の解約····················· 57
保険契約の失効····················· 60
保険契約の無効・取消し············· 57
保険契約申込書····················· 44
保険事故··························· 14
保険者····························· 13
保険証券··························· 45
保険仲立人························· 32
保険募集指針······················· 67
保険募集制限先規制················· 75
保険募集人の委託先管理責任······ 127

保険料························ 13, 51
保険料専用口座····················· 53
保険料の精算······················· 53
保険料の流用・費消················· 48
保険料不可分の原則················· 51

●ま

マネー・ローンダリング············· 49
満期管理··························· 54

●や

優越的地位の不当利用の禁止········· 68
優越的地位の濫用··················· 69
有償・双務契約性··················· 12
養老保険··························· 21
預金等との誤認防止措置············· 73
予定事業費率······················· 51
予定損害率························· 51

●ら

リスク··························· 7, 8
利得禁止の原則····················· 11

事項索引 149

## 地域金融機関の保険業務

平成27年3月23日　第1刷発行

著　者　鈴　木　仁　史
　　　　藤　本　和　也
発行者　小　田　　徹
印刷所　文唱堂印刷株式会社

〒160-8520　東京都新宿区南元町19
発　行　所　一般社団法人 金融財政事情研究会
　　編集部　TEL 03（3355）2251　FAX 03（3357）7416
　　販　　売　株式会社きんざい
　　　販売受付　TEL 03（3358）2891　FAX 03（3358）0037
　　　URL http://www.kinzai.jp/

・本書の内容の一部あるいは全部を無断で複写・複製・転訳載すること、および磁気または光記録媒体、コンピュータネットワーク上等へ入力することは、法律で認められた場合を除き、著作者および出版社の権利の侵害となります。
・落丁・乱丁本はお取替えいたします。定価はカバーに表示してあります。

ISBN978-4-322-12408-8